大切な人と行きたい

妄想 絶景

marvelous views for lovers

編＝いろは出版

きれいなものは
大切な人と見たい

I wanna see
something
beautiful
with you

世界が
ふたりだけの
ものになる一瞬

The moment
all the world is
ours

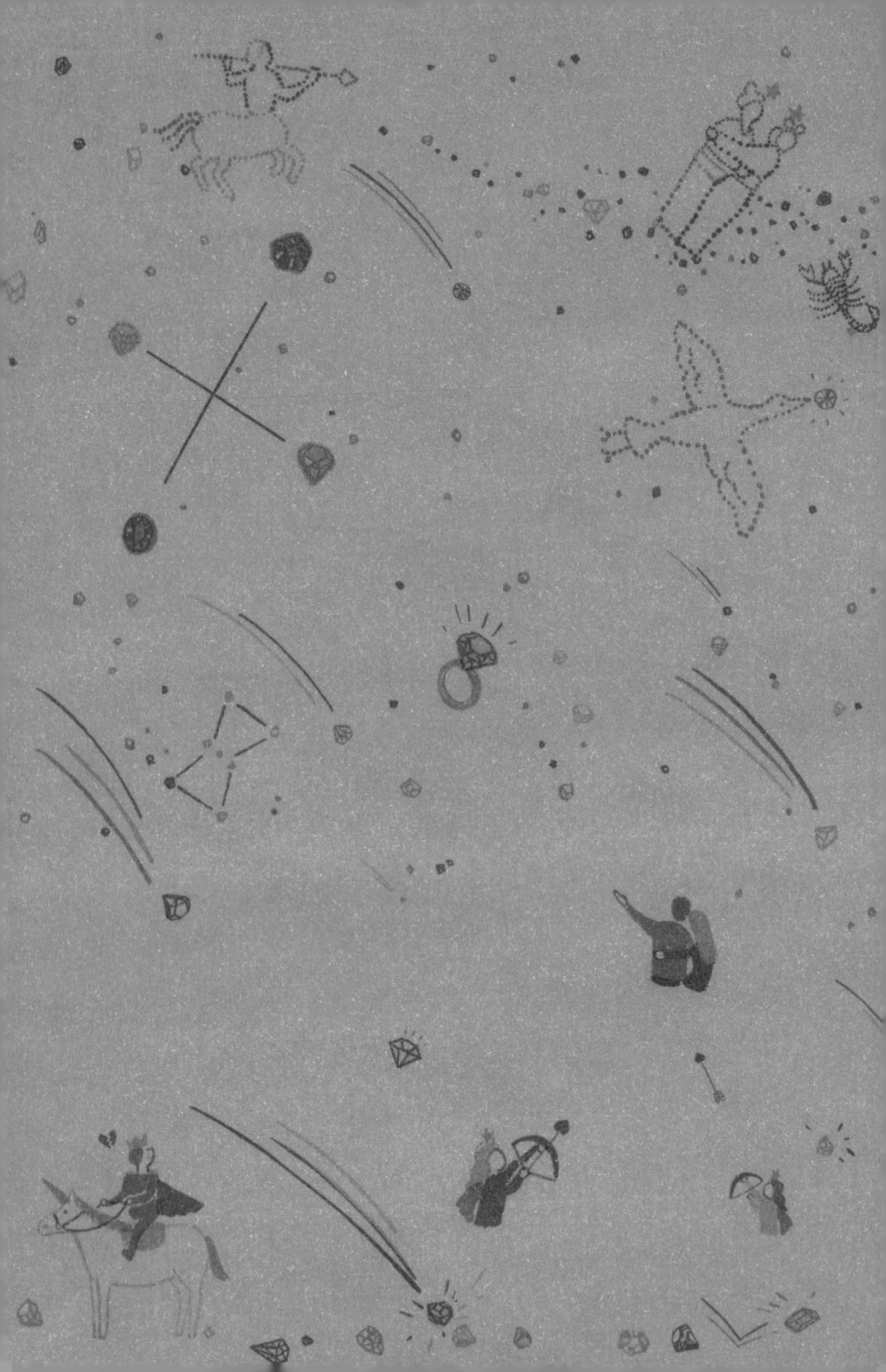

あの人と行きたい
世界の絶景

The world
marvelous
views to go
with him

prologue

この絶景を、
大切な人と見られたら。

ある旅人は、美しい絶景を目にして
言いました。

「次に来るときは、大切な人をつれてこよう」

特別なものだから、特別な人と見たい。
風を空気をにおいを一緒に感じたい。
しあわせになるなら、ふたりがいい。

そんな純粋な気持ちを大切にしたいから、
この本ができました。

世界の絶景に想いを馳せながら、
大切なあの人の顔を思い浮かべてください。

Contents

moso zekkei 01　**Salar de Uyuni**　p20

ウユニ塩湖 / ボリビア
ようこそ、世界一の奇跡と呼ばれた絶景へ

moso zekkei 02　**Val d'Orcia**　p24

ヴァルドルチャ / イタリア
絵画の世界のような世界一の田舎風景

moso zekkei 03　**Lake Tekapo**　p28

テカポ湖 / ニュージーランド
石造りの教会から宝石がちりばめられた星空を

moso zekkei 04　**Salvation Mountain**　p32

サルベーションマウンテン / アメリカ
砂漠を極彩色に変えた巨大アート

moso zekkei 05　**Burano**　p36

ブラーノ島 / イタリア
歩くだけでキュンとするカラフルな街

moso zekkei 06　**Brussels**　p37

ブリュッセルの花の絨毯 / ベルギー
美しすぎる広場に酔いしれて、ひと休み

moso zekkei 07　**Hidden Beach**　p40

ヒドゥンビーチ / メキシコ
隠されたビーチでふたりだけのバケーション

moso zekkei 08　**Cameron Highlands**　p44

キャメロンハイランド / マレーシア
夕日に照らされる高原の紅茶畑

moso zekkei 09　**Texas Hill Country**　p48

テキサスヒルカントリー / アメリカ
花言葉は感謝。ブルーボネットの花化粧

moso zekkei 10　**Sigiriya Rock**　p49

シーギリヤロック / スリランカ
ジャングルにぽつり残された巨大な岩の宮殿

moso zekkei 11　**Buttermere Lake**　p52

バターミア湖 / イギリス
静かな湖畔でのんびりピクニック

moso zekkei 12　**Zao**　p53

蔵王の樹氷 / 日本
世界に誇る100％天然の雪原美術館

moso zekkei 13　**Andalusia**　p56

アンダルシアのひまわり畑 / スペイン
初夏の太陽、黄色い海と青い空

moso zekkei 14　**Pink Sands Beach**　p60

ピンクサンドビーチ / バハマ
珊瑚に彩られた薄桃色のハネムーンビーチ

moso zekkei 15　**Santa Claus Village**　p64

サンタクロース村 / フィンランド
光のカーテンは最高のクリスマスプレゼント

moso zekkei 16　**Bled Island**　p68

ブレッド島 / スロベニア
東欧の小さな国にあった、おとぎ話の島

moso zekkei 17　**Agueda**　p72

アゲダのアンブレラスカイプロジェクト / ポルトガル
夏のアゲダの空を埋め尽くす傘のパレード

moso zekkei 18　**Lake Baikal**　p76

バイカル湖 / ロシア
エメラルドグリーンに輝く氷の湖

moso zekkei 19　**Tavarua Island**　p80

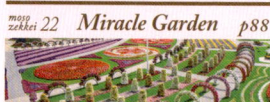

タバルア島 / フィジー
世界でいちばん最初に日が昇るビーチ

moso zekkei 20　**Heart Leaf**　p81

ハートリーフ / オーストラリア
飛行機の窓から見下ろすハートの珊瑚礁

moso zekkei 21　**Colmar**　p84

コルマール / フランス
木組みの家にウロコ屋根、世界一メルヘンな街

moso zekkei 22　**Miracle Garden**　p88

ミラクルガーデン / アラブ首長国連邦
砂漠にあらわれた奇跡の庭、4500万本の花

moso zekkei 23	Trolltunga	p96

トロルの舌 / ノルウェー
ふたりなら歩ける、ふたりだけの舞台

moso zekkei 24	Samarkand	p100

サマルカンド / ウズベキスタン
シルクロードの栄華を残す青の都

moso zekkei 25	Cappadocia	p101

カッパドキア / トルコ
気球から見下ろす太陽と地平線

moso zekkei 26	Whitehaven Beach	p104

ホワイトヘブンビーチ / オーストラリア
天国という名にふさわしいマーブルアート

moso zekkei 27	Dubrovnik	p108

ドブロブニク / クロアチア
輝きを取り戻したアドリア海の要塞都市

moso zekkei 28	Albarracin	p112

アルバラシン / スペイン
アラブとローマが出逢う中世の街

moso zekkei 29	Lencois Maranhenses	p116

レンソイス・マラニャンセス国立公園 / ブラジル
砂丘に湧き出る不思議の湖

moso zekkei 30	St. Basil's Cathedral	p120

聖ワシリー寺院 / ロシア
たまねぎ頭のかわいい聖堂

moso zekkei 31	Provence	p124

プロヴァンスのラベンダー畑 / フランス
淡い紫のストライプは南仏の夏の風物詩

moso zekkei 32	Tunnel of Love	p125

愛のトンネル / ウクライナ
木漏れ日が眩しい、森のバージンロード

moso zekkei 33	Luoping	p128

羅平の菜の花畑 / 中国
黄金の花、早春の春の風に溺れる

moso zekkei 34	Navagio Beach	p129

ナヴァイオビーチ / ギリシャ
断崖絶壁の裾に広がる恋人たちの隠れ家

moso zekkei 35	Bagan	p136

バガン / ミャンマー
セピア色に輝く2000のパゴダ (仏塔)

moso zekkei 36	Porto	p140

ポルト / ポルトガル
ユーラシア大陸の西の果て。世界一の夜景

moso zekkei 37	Chefchaouen	p144

シャウエン / モロッコ
ふたりが迷い込んだのは、青の迷宮

moso zekkei 38	Santorini	p145

サントリーニ島 / ギリシャ
エーゲ海に浮かぶ世界一の夕日が沈む島

moso zekkei 39	Hirosaki Park	p148

弘前公園の花筏 / 日本
舞い散る桜が水面をピンク色に染め上げる

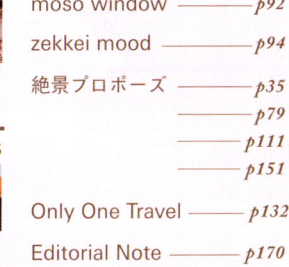

moso window ———— p92
zekkei mood ———— p94
絶景プロポーズ ———— p35
———— p79
———— p111
———— p151

Only One Travel ———— p132
Editorial Note ———— p170

moso zekkei 40	the Arctic	p152

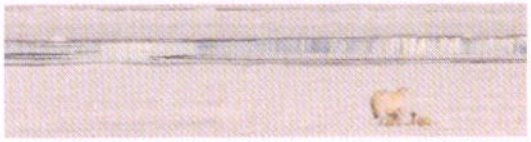

北極 / 北極
雪と氷が織りなすダイナミックアート

moso zekkei 41	Namib Desert	p156

ナミブ砂漠 / ナミビア
8000万年。世界で最も古く美しい砂漠

moso zekkei 42	Mauna Kea	p160

マウナケア / アメリカ
ハワイ島の澄み渡る空気と漆黒の空

moso zekkei 43	Cable Beach	p164

ケーブルビーチ / オーストラリア
黄昏の時、砂浜をキャメルデート

map

moso zekkei 1

ウユニ塩湖 / ボリビア

〈travelers' voice〉何一つ人工的な音がしない。ただ風が流れる音を聴いて、青い空の音を初めて聴いたような新鮮な気持ちだった／いつかまた大切な人と訪れたいと思った／「地球ってすごい」。地球にいるしあわせを感じた瞬間だった／この光景を目にしたとき、本当に思ったこと。「もう死んでもいいや」

moso zekkei 1
ウユニ塩湖／ボリビア

ROMANTIC LEVEL
♡♡♡♡♡

ようこそ
世界一の奇跡と呼ばれた絶景へ

南米ボリビア。海の底が長い年月をかけて隆起してできた標高 3,700m のアンデス山脈にある広大な塩の湖。雨上がりに薄く水が張った大地は空を完璧に映し出し、一歩足を踏み入れると空を歩いているかのような錯覚に陥ります。朝、昼、夕方、夜。刻一刻と変わる景色は瞬きするのも惜しいくらい。少し歩くだけで誰の姿も見えなくなる。あまりに広い塩湖の中、聞こえるのは風の音だけ。日本からの距離 17,034km、長い道のりを越えた先に現れる、世界一と呼ぶにふさわしい絶景です。

TRIP PLAN

1日目 成田発、乗継地アメリカ都市へ

日本からラパスまでは、およそ40時間。ウユニ塩湖への道のりは遠い。

2日目 アンデス文化のるつぼ、ラパスへ

早朝ラパスへ到着！ 標高が3,700mと高いので高山病には気をつけて。初日は軽めにラパス市街観光。

世界一標高の高い首都、ラパス！

3日目 時が経つのを忘れる 天空の鏡、ウユニ塩湖

国内線でウユニへ移動。ウユニの町を観光し、列車の墓場など、立ち寄り地を回りながら目指すは、待望のウユニ塩湖！ 晴れ渡る青空、ぷかぷか浮かぶ雲…その一つひとつが、湖に映りこむ。

列車の墓場

BEST SEASON
12月～3月
空が鏡張りに映る塩湖の幻想的な景色は、雨季にしか見ることのできない絶景

PRICE
2人で約80万円～
標高の高いウユニ塩湖。ツアーで行くなら時間をかけ高度を上げていくプランになっているので高山病も安心

8日目 成田着

6~7日目 ラパス発、アメリカ都市乗継、成田へ
早朝に出発。さよならボリビア！

5日目 太古の遺跡、ティワナクへ
この日は世界遺産ティワナク遺跡へ。美しい景色の中を走り抜けると突然現れる。ゆっくり観光をしてラパスに戻ったら、美味しいラパス料理を食べ歩き！

インカ文明の元になったと言われるティワナク遺跡

なんと、ウユニ塩湖でウェディング写真が撮れちゃうツアーも

4日目 ウユニのアクティビティーを満喫
ウユニ塩湖でBBQやトリック写真を撮って、余すところなく遊び尽くした後は、刻一刻と色を変える夕日のショーを。冷え込む夜は、神秘的な星空の下、手作りのホットワインで乾杯。

ウユニ de ワインパーティー！

ウユニ de バーベキュー！

moso zekkei 2
ヴァルドルチャ / イタリア

〈travelers' voice〉季節によって植物が変わり大きく景観が変わるが、どれも美しい／夕焼けと朝の雲海は、どちらも忘れられない風景／風に流される雲の動きによって、刻々と表情が変わる／人の手が700年かけてつくってきた賜物。世界遺産であることがうなずける美しい丘陵

moso zekkei 2
ヴァルドルチャ／イタリア

ROMANTIC LEVEL

ヨーロッパ印象派の絵画の世界に迷い込んだみたい

ここは世界一の田舎風景。緑と赤のコントラストが美しい春はもちろん、麦の穂が出始めた2月、黄金色の麦畑と日差しが眩しい7月、麦刈りが終わった後の荒々しい土が顔を出す夏の終わりと、季節によって違った顔を見せ、何度でも訪れたくなってしまいます。「渓谷」と訳されることも多いですが、谷というよりも、どこまでも広がる丘陵。丘の上からの大パノラマを舞台に横に並んだふたりは、ゆるやかなイタリアの絶景に溶けこんでいきます。

TRIP PLAN

1日目 成田発、ヨーロッパ都市乗継、フィレンツェへ

日本からフィレンツェまでは、およそ14時間。

2日目 世界一美しい田舎風景が待っている

丘の上にある町モンテプルチャーノから、じっくりとヴァルドルチャを眺める。

＼ぽつり佇む教会／

＼糸杉の並木道／

3日目 ルネッサンスの理想郷へ

大草原の小さな町、ピエンツァ。その昔、ピエンツァ出身のローマ教皇が、故郷を理想郷につくり変えたという。

＼ここがピエンツァ／

BEST SEASON	PRICE
4月～6月	**2人で約48万円～**
丘陵いっぱいに広がる麦畑と時折見える糸杉の並木の緑色に、真っ赤なポピーの花が映えるのがこの季節	ヴァルドルチャがコースに組み込まれているツアーは一般にはないため、近隣都市のフィレンツェからは個人旅行に

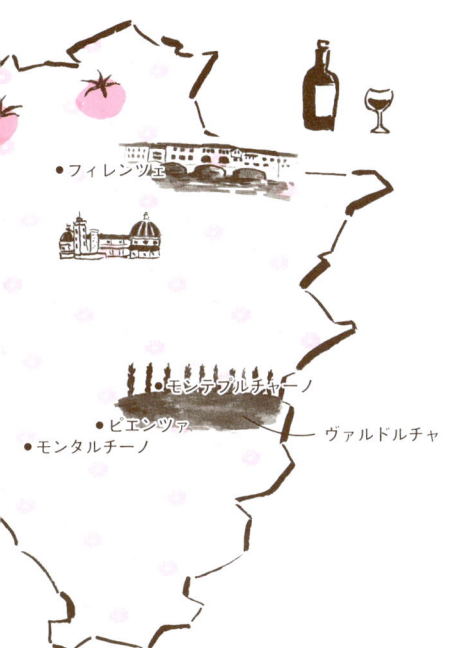

トスカーナ地方

・フィレンツェ
・モンテプルチャーノ
・ピエンツァ　　ヴァルドルチャ
・モンタルチーノ

6日目 成田着

5日目 フィレンツェ発、成田へ

日程に余裕があれば、ピエンツァの農家でファームステイも◎。手作りのオリーブオイルやハム、野菜などがいただける。

トスカーナ料理の「ピチ」。少し太めのモチモチ麺は、やみつきになる美味しさ

ふたりで楽しめるワインが選び放題！

4日目 通も唸らせる絶品ワインに舌鼓

200軒以上ものワイナリーが並ぶモンタルチーノの街角でワイン選び。お供に羊の乳でつくったペコリーノチーズはいかが？

まんまる大きなペコリーノチーズ

moso zekkei 3
テカポ湖 / ニュージーランド

〈travelers' voice〉雲も月もない、地平線すれすれまで広がる満天の星を眺めることができる／寝るのがもったいないくらい、ずっと見ていたい星空でした／湖が朝日を浴びてきらきら輝く様子も、夕陽を浴びて茜色に染まる様子も、星空の夜に負けないぐらい美しかった

moso zekkei 3
テカポ湖／ニュージーランド

ROMANTIC LEVEL ♥♥♥♥♥

まるでジュエリーボックス
宝石がちりばめられた星空

ニュージーランドで最も晴天率が高い場所としても有名なテカポにある湖。湖畔に建つ小さな石造りの教会、「善き羊飼いの教会」の中からもテカポ湖を一望できます。祭壇越しに見える湖の景色に思わずうっとり…。真っ暗になった夜には、静寂の中、南半球でしか見ることのできない南十字星、白くぼんやり広がるマゼラン銀河を仰ぐ。まさにロマンチックと呼ぶにふさわしい場所です。ここで結婚式を挙げるカップルも多いのだとか。

TRIP PLAN

1日目 成田発、乗継地シドニーへ

日本からクライストチャーチまでは、シドニーを経由して、およそ9時間。太平洋を南に進む。

2日目 シドニーからクライストチャーチへ

国内線でクライストチャーチへ移動。そこからテカポ湖までは、レンタカーで爽快ドライブ！

テカポ湖名物は、絶品サーモンランチ。まさかの和風!?

ニュージーランド
マウントクック
テカポ湖

**日が落ちてからが本番！
念願の星空鑑賞**

南半球の星空は、とってもゴージャス。まるで宝石箱をのぞいているみたい！いつまでも眺めていたい星空を、心ゆくまで楽しんで。

湖畔で太陽が沈むのを待とう

**3日目 昼はまた違った表情に…
湖畔でゆっくりが最高の贅沢**

教会の窓際に凛と立つ十字架と、ミルキーブルーの美しい湖が重なり、なんとも神秘的！

石造りが美しい善き羊飼いの教会

BEST SEASON
7月～9月

一年中美しい星空が見られるが、南半球が冬になる7～9月は特に空気が澄み、南十字星や天の川をはっきり見ることができる

PRICE
2人で約40万円～

テカポ湖がコースに組み込まれたツアーも近年多く出ているが、旅の機会に国際免許証を取得して、ぜひレンタカーで訪れてみて

6日目 成田着

5日目 クライストチャーチ発、シドニー乗継、成田へ

マウントクックから空港のあるクライストチャーチへ。飛行機を乗り継いで日本へ。

4日目 マウントクックを拠点にフッカーバレーハイキング！

ニュージーランドの最高峰、マウントクックをハイキング。中でも人気のコース、フッカーバレーはツアーも多い。ふたりで未来の話をしながら、ゆったり山を登ってみては？

●クライストチャーチ

ニュージーランド観光の定番、マウントクック

昼も夜も綺麗なんてズルい！

日本人ハイカーも多いフッカーバレー

moso zekkei 4

サルベーションマウンテン / アメリカ

〈travelers' voice〉砂漠の中にいきなり現れた不思議な風景に「ワーッ！」と叫んでしまった／ここで写真を撮れば、誰でもモデル気分になれる！／一つひとつのアートの山にも登れて、中にも入ることができて、中もまたカラフルでかわいい！／砂漠をアートに変えてしまう人間の情熱は素晴らしい

moso zekkei 4
サルベーションマウンテン／アメリカ

ROMANTIC LEVEL
♥♥♥♥♡

こんなにかわいい
絶景があったなんて知らなかった

『GOD IS LOVE（神は愛）』。聖書のメッセージをペイントし砂漠を極彩色に変えた、故レナード・ナイトの巨大アート。はじめは無許可で始めたペイントでしたが、世界中の芸術家から財源の寄付を受け、今や国家的財産に認定。彫刻や絵画で飾られたポップでキュートな丘は、まるで絵本から飛び出してきたかのよう！ レナードが30年の歳月をかけてつくった大きな愛にあふれた世界。映画やファッション誌の撮影にも使われ、多くの人に愛されている、世界一かわいい絶景です。

BEST SEASON
4月〜10月

PRICE
2人で約28万円〜

TRIP PLAN

1日目 成田発、ロサンゼルス（LA）へ

日本からLAまでは、およそ10時間。直行便が便利。

2日目 やっぱりかわいい！サルベーションマウンテン

LAから東に走ること2時間。突然現れるカラフルな楽園に、目も心もくぎづけ！ 泥や粘土で造られたサルベーションマウンテンは中がぽっかり空洞になっていて、裏側もペイントが施されている。

5日目 成田着

4日目 ロサンゼルス発、成田へ

ロサンゼルス空港は、2014年にリニューアル。お酒が飲めるスターバックスや、人気のショップが目白押し。フライトまでの時間も楽しく過ごせそう。

3日目 ロサンゼルスをとことん遊び尽くす！

LAには憧れスポットが満載！ ディズニーランド、ユニバーサルスタジオ、ハリウッド、動物園…。ふたりでどこへ行く？

中もポップな装飾がいっぱい！

絶景プロポーズ
1: サルベーションマウンテン

　彼の家で晩ごはんを食べて、ゴロゴロしていたある日のこと。おもむろに正座し、かたく拳を握りしめた彼は、「け、結婚してください」と語気を強めた。「ヤダ！」。思いもよらぬ答えだったのか、彼は蚊の鳴くような声で「え…」とつぶやき、泣きそうにも見える顔をした。「一生に一度なのに…つまんないよ。こんなプロポーズ」。私はそう言って、彼の家を出た。
　派手な服、カラフルなピアスにネックレス。いつも私を元気にしてくれるアイテムも、今は全く効果なし。とぼとぼと帰る夜道。追いかけてきてくれないんだね。彼がそういう人なのはわかっていた。押しに弱くて、ちょっぴりヘタレ。一緒にいると落ち着くから、結婚すればラクだし、しあわせだと思う。でも……「結婚前に、私の知らない世界を見せてくれるような、刺激的な人と付き合ってみたかったなぁ」。私の不毛なつぶやきは、満月に吸いとられていった。
　数日後、彼が高級レストランに連れていってくれた。綺麗な夜景。美味しい料理。またプロポーズされるのかな。彼はウエイターさんに目配せし、花火付きのデコレーションケーキを持ってこさせた後、内ポケットからダイヤの指輪を取り出して「結婚してください」と言った。私、ダイヤなんて好きじゃないじゃん。ケーキだって、安いチーズケーキが好きなの知ってるじゃん。それ、ドラマで見たアレでしょ？……ヤダヤダ！　皆と一緒なんて、つまんないよ。「…ねぇ、私のどこが好きなの？」。彼は驚いた顔をして、黙り込んだ。わからないんだ。悲しくなったが、私が同じ質問をされてもきっと答えられない。「ちょっと考えてもいい？」。彼は寂しそうに頷いた。ないものねだりってわかっている。でも、お互いがお互いじゃないとダメな理由が見つからない。
　数ヵ月後、彼が旅行に誘ってきたのでOKした。これではっきりさせよう。成田空港から深夜便でLAへ。到着後、レンタカーでホテルに向かった。翌朝、彼が行きたい場所があるというので車を走らせる。ぼんやり外を眺めていると、『desert』の看板。砂漠…？　どこに向かっているんだろう。「ねぇ」。声をかけようとしたその時、突然カラフルな丘が目に飛び込んできた。ビビッドカラーのペンキで、かわいい絵や文字がたくさん描かれている。「いこう」。彼の手に引かれ、かわいい！　かわいい！　と騒いだ。彼はいつもの優しい顔で私を見ていた。「俺は、＿＿の色が好きだよ」「色？」「うん。＿＿は毎日違う色を見せてくれる。一緒にいると楽しいんだ。俺の単調な毎日が、色であふれて止まらなくなる。だから、結婚してほしい」。やっと、彼が私じゃないとダメな理由がわかった。そしてそれは、私だって同じ。私が私でいられるのは、わがままで奔放な私を受け入れ、優しく包み込んでくれる彼だから。いつも彼にとって眩しい存在でいたい。私はちょっと偉そうに、「いいよ！　結婚してあげる！」と言った。

本文中の下線部にはお好きな名前を入れてください。

moso zekkei 5
ブラーノ島/イタリア

〈travelers' voice〉小さい島だけど、散歩しているだけで楽しい／おもちゃの国のような街並みは、日本では考えられない風景／洗濯物を干していたり生活感のある街だけど、そのすべてがかわいい！

moso zekkei 6

ブリュッセルの花の絨毯 / ベルギー

〈travelers' voice〉毎回テーマが違うので、何度でも行きたくなる／夜のライトアップでは、光の色が変化してとても綺麗／ワッフルやチョコレートを堪能しながらの、この景色はしあわせそのもの

moso zekkei 5
ブラーノ島／イタリア

ROMANTIC LEVEL ♥♥♥♥♡

カラフルな路地
歩くだけでキュンとする街

ベネチアの街並みの中でも、ひときわ目を惹くブラーノ島。その昔、漁から戻ってきた漁師が冬の濃い霧に包まれた島で、わが家を見分ける目印として鮮やかなペンキで塗ったのが、カラフルな島になった理由です。よく見てみると、隣り合う家は必ず色が違います。ドアや窓に飾られた小さな花、吊るされた洗濯物…。それすら絵になる、気取らない、ぬくもりのある街並みに「どの家がいい？」「私だったらこの色の家に住みたいな」。楽しい妄想が膨らみます。

BEST SEASON
4月〜6月、9月〜10月

PRICE
2人で約 28万円〜

TRIP PLAN

1日目 成田発、ベネチアへ
日本からベネチアまでは、直行便でおよそ12時間半。

2日目 ブラーノ島日帰りツアーへ
船に揺られて、憧れの島へ。おすすめの撮影スポットは、島の端っこ。運河沿いに歩き、振り返るとカラフルな家がずらり！

ブラーノ島といえばベネチアンレース。お土産に買って帰りたい

3日目 ベネチア、ロマンチックな絶景スポット、「ため息の橋」
ゴンドラに乗って運河をすいすい。日没時にこの橋の下でキスすると、永遠の愛が約束されるんだとか。

ため息の橋から見るベネチアの風景も素敵！

4日目 ベネチア発、成田へ

5日目 成田着

イタリア本島
★ブラーノ島
ため息の橋
地中海
ベネチア

moso zekkei 6
ブリュッセルの花の絨毯／ベルギー

ROMANTIC LEVEL
♥♥♥♡♡

荘厳な雰囲気に酔いしれて
美しすぎる広場で ひと休み

2年に一度、世界一美しい広場とも称される石畳の広場グランプラスが、さらに美しく華やかに彩られます。夜はライトアップされた広場を眺めながらカフェでゆっくりおしゃべり。はたまた、広場に座って、ベルギービールを飲みながらひと休み。いろんな楽しみ方ができるグランプラス。荘厳な雰囲気の市庁舎や豪華なゴシック建築の建物に囲まれた広場と、75万本のベゴニアを前に、気分は中世のお姫様。

BEST SEASON
偶数年の 8月

PRICE
2人で約 28万円〜

TRIP PLAN

1日目 成田発、ヨーロッパ都市乗継、ブリュッセルへ

日本からブリュッセルまでは、およそ16時間。

2日目 ブリュッセル観光！

早朝ブリュッセル到着。まず町のマスコット、小便小僧「サンジャック」にあいさつ。

/ サンジャック君、こんにちは！

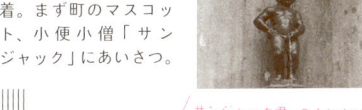

3日目 花の絨毯にひとめぼれ

街歩きをしながら旅のメイン、グランプラス広場へ。手作業で花を一つひとつ敷きつめた花の絨毯は、圧巻！

4日目 絶品グルメツアーの後、ブリュッセル発、成田へ

出発まで、ビールによく合うジビエやムール貝など、自然の恵みを味わい尽くす。デザートは乙女心をくすぐるスイーツで満腹。チョコレートやワッフルは、お土産にぴったり。

/ ムール貝とビールが絶品

5日目 成田着

moso zekkei 7

ヒドゥンビーチ / メキシコ

〈travelers' voice〉マリエータ諸島は国立公園となっているため、ほんの少しのツアー会社だけが入ることを許される、貴重な旅／本当に隠されているから、着くまでの道のりも冒険！／シュノーケリングでは、美しい珊瑚や大きな魚をたくさん見ることができました

moso zekkei 7
ヒドゥンビーチ／メキシコ

ROMANTIC LEVEL
♥♥♥♥♥

隠されたビーチで
ふたりだけのサマーバケーション

マリエータ諸島の沖合に浮かぶ無人島に、ぽっかりと空いた大きな穴。ヒドゥンビーチは、ここを訪れた人にだけ見ることが許された絶景です。宿泊施設などはなく、行くためには干潮時に最寄の町から泳いでいくか、観光用の限られた船でしか行くことができません。そんな隠された常夏の島は、世界中の恋人たちのあこがれの場所。「Playa del Amor（恋人たちの砂浜）」という愛称にふさわしいビーチです。

マリエータ諸島
★ヒドゥンビーチ

TRIP PLAN

1日目 成田発、アメリカ都市乗継、プエルトバヤルタへ

日本からプエルトバヤルタまでは、およそ34時間。簡単には辿り着かせてくれないところがニクイ！

2日目 夕方到着後、ホテル前のビーチへ

ビーチを散歩しながらまったり。海に足をつけてみると、ひんやり心地いい。太平洋に日が落ちるのを眺めながら、長旅の疲れを癒そう。

3日目 やっと出逢えた！ヒドゥンビーチ

こんなところに本当にあるの…!? 船で進むこと数十分、本当にあった！ヒドゥンビーチ。シュノーケリングや海水浴を楽しんで。

干潮のタイミングで船で移動

ヒドゥンビーチまでは、なんと、泳いでいくこともできる

穴の中にビーチがあるなんてドキドキ！

BEST SEASON
5月〜10月

年間を通して楽しめる場所だが、雨季の雨が降った後は、よりいっそう青く透明な海になる

PRICE
2人で約70万円〜

最寄りの都市プエルトバヤルタへのツアーが一般的にはないため、個人旅行で行くのがベター。旅慣れしている人向け

メキシコ本島
プエルトバヤルタ
バンデラス湾

バンデラス湾

4日目 プエルトバヤルタのダウンタウンを散策

お土産探しにうってつけ！観光地とあってとっても賑やか。フリーマーケットで銀製品や食べ物なども購入できる。メキシカンフード片手に町で行われているショーを見るのも楽しい。

5日目 メキシコ発、乗継地アメリカ都市へ

およそ1日半のフライト。遠のいていくメキシコの街を窓から眺めて、楽しい思い出を振り返る…

/ 背の高い華やかな建物が並ぶ /

6日目 乗継地アメリカ都市から、成田へ

7日目 成田着

/ 異国情緒あふれるフリーマーケット /

/ プエルトバヤルタの海岸から
バンデラス湾を望む /

moso zekkei 8

キャメロンハイランド / マレーシア

〈travelers' voice〉茶摘みをする姿も見られる
ティープランテーションは、優しい風景だった／
お店やカフェも併設されていて、まったり休憩も
できる。紅茶とスコーンが美味しい！／くねく
ねとした道が続き、到着すればそこは別世界。夏
に行けば、いい避暑地にもなって気持ちがいい

moso zekkei 8
キャメロンハイランド／マレーシア

ROMANTIC LEVEL
♥♥♥♡♡

夕日に照らされた紅茶畑
高原の風に吹かれたい

マレーシアにありながら、ヨーロッパを彷彿とさせる高原リゾート地。イギリス統治時代に紅茶畑として開発されて以来、避暑地として世界中の人々に愛されています。アクティブな旅もいいけれど、「何もしない」というちょっぴり贅沢な大人の旅をしたいふたりにはぴったりの場所。ロングステイでの利用やリタイア後に移住する夫婦も少なくありません。ここで栽培されている香り高い紅茶はもちろん、野菜やフルーツも新鮮。体にも心にも優しいリゾート絶景です。

TRIP PLAN

1日目 成田発、クアラルンプールへ

日本からクアラルンプールまでは、およそ7時間。

2日目 クアラルンプールを観光

歴史を感じるムーア建築と、スタイリッシュな近代建築が混ざり合い、独特の雰囲気をかもし出すクアラルンプール。市内をのんびりお散歩。

マレーシアの人力車。「トライショー」

3日目 夕焼けの紅茶畑が美しい！

キャメロンハイランドに到着後、絶景を眺めながら、お茶工場で紅茶とお菓子をいただこう。もちろん紅茶は摘みたての茶葉で。

松本清張が小説の中で「マレーシアの軽井沢」と例えたそう！

4日目 朝市散策

お散歩がてら、朝市へ。グァバリンゴや日本の2倍の大きさもあるみかんなど、おもしろグルメがいっぱい！

BEST SEASON
3月〜9月

標高が1,500mを超え、年間を通じて過ごしやすい常春のリゾート地。朝晩は冷えるが、雨季を外せば天候に左右されずに楽しめる

PRICE
2人で約16万円〜

マレーシアへ行くツアーでは、立寄地となっていることが多いので、ゆったり楽しみたい人は個人旅行で

南シナ海

★ キャメロンハイランド

● クアラルンプール

マレーシア

もう1日あれば…
高原で何もしない、最高の贅沢を味わう

リゾート絶景にはロングステイがよく似合う

クアラルンプール市内へ

マレーシアグルメも外せない

スパイシーでおいしいマレーシア料理を堪能

5日目 クアラルンプール発、成田へ

クアラルンプール空港のテーマは、「森の中の空港」…ということで、なんと空港の中にジャングルが！搭乗までの空き時間にぜひ。その日のうちに成田着。

moso zekkei 9
テキサスヒルカントリー/アメリカ

〈travelers' voice〉春になると一斉に花が咲き乱れる楽園に変貌する／日本のタンポポのように、ブルーボネットが咲いていた／摘むことが許されていない青い花は、とても大事にされている花

moso zekkei 10

シーギリヤロック / スリランカ

〈travelers' voice〉高い高いらせん階段を登っていくドキドキ／頂上に着くと、頭の中にラピュタの音楽が流れてきた！／頂上からは360度、見渡す限りのジャングルが広がっていて、本当に素晴らしい

moso zekkei 9
テキサスヒルカントリー／アメリカ

ROMANTIC LEVEL ♥♥♥♡♡

車を降りて
ふたりで歩きたくなっちゃう

テキサスヒルカントリーという広大な丘陵地帯に広がるのはテキサス州の州花、ブルーボネット。一面に花が咲く可憐な絶景です。ブルーボネットトレイルと呼ばれる道を進むと、道の脇や空き地、至るところで青い花化粧を見ることができます。ブルーボネットの花言葉は「感謝」。ちょっぴりくすぐったい気持ちもするけれど、日頃はなかなか伝えることのできない、大切な人への「ありがとう」、ここで伝えてみたい。

BEST SEASON
3月中旬～4月下旬

PRICE
2人で約44万円～

TRIP PLAN

1日目 成田発、アメリカ都市乗継、サンアントニオへ
日本からサンアントニオまでは、およそ13時間。

2日目 テキサスへ GO
サンアントニオ空港でレンタカーを借りて、テキサスへ。テキサス州をかたどったワッフルも人気。大きくってとってもボリューミー！ 
ふたりでシェアして食べよう

3日目 テキサスヒルカントリーをドライブ！
ブルーボネットトレイルを走りながら、一面のブルーボネットを探そう。 
ブルーボネットを見つけた場所をシェアするウェブサイトもあるよ！

4日目 おしゃれな街で、おしゃれなデート♪
シアトルに1泊して、街を散策。美術館や博物館で芸術に触れるもよし。ショッピングやグルメを楽しむもよし。 
なにをしても楽しいシアトル！

5日目 サンアントニオ発、アメリカ都市乗継、成田へ

6日目 成田着

moso zekkei 10
シーギリヤロック／スリランカ

ROMANTIC LEVEL
♥♥♥♥♡

王がつくった古代都市
地球にぽつりと残された宮殿

ジャングルに現れた高さ200mの巨大な岩は、5世紀後半、父を殺し王位に就いたカッサパ1世がその報復を恐れて築いた、天空の宮殿。複雑な歴史がありながら、発見されたのは、なんと19世紀になってからだそう。岩の中腹、今なお色褪せない壁画は圧巻。岩の上に残された宮殿跡から望む見渡す限りの大自然も、かつては人々が暮らしていた都。長く眠っていた歴史に思いを馳せながら、訪れてみたい遺跡です。

BEST SEASON
1月～3月、5月～9月

PRICE
2人で約32万円～

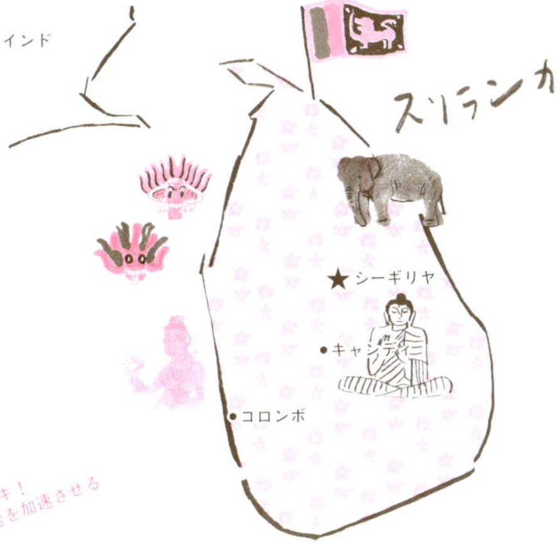

TRIP PLAN

1日目 成田発、コロンボへ
日本からコロンボまでは、およそ9時間半。空港のあるコロンボから目的地のシーギリヤまではレンタカーで5時間のドライブ。

2日目 シーギリヤロック登頂！
長い階段もふたりで登ればあっという間！頂上から見る景色は爽快で、スリル満点。

ドキドキ！ドキドキ！スリルが恋を加速させる

インド
スリランカ
★シーギリヤ
・キャンディ
コロンボ

3日目 スリランカ仏教の原点 世界遺産の街、キャンディへ
シーギリヤからキャンディへ。ブッダの歯をまつる仏歯寺は絶対に訪れたい。プージャという1日3回の礼拝に合わせて観光するのがおすすめ。

世界遺産にも登録されている仏歯寺

4日目 コロンボ発、成田へ
深夜便でコロンボを出発。飛行機の窓からサンライズを眺めて。その日のうちに成田着。

シーギリヤロックの壮大な思い出を胸に日本へ…

moso zekkei 11
バターミア湖 / イギリス

〈travelers' voice〉水の透明度も高く、湖水に手を浸すとひんやりして気持ちがいい／まさに澄んだ湖をのんびり一周。まるで絵葉書のような風景に、ただただ心を奪われた

〈travelers' voice〉自分がいるのは日本なのに、どこか違う国に来ているような感覚がした／樹氷を見ながらの空中遊泳は、忘れられない宝物のひととき

moso zekkei 12
蔵王の樹氷／日本

moso zekkei 11
バターミア湖／イギリス

ROMANTIC LEVEL ♥♥♥♥♡

静かな湖畔で
のんびりピクニック

イギリスを訪れたなら、ロンドンだけではもったいない！ イギリス最高の画家と言われるターナーが描いたことでも知られるバターミア湖。両側が山に囲まれ、それはもう、ひっそりと。湖にありがちな遊覧船もなく、観光客もさほど多くありません。このあたりに数ある湖の中でも、ここが最も好きだというイギリス人が多いのも納得。サンドイッチとフルーツを持って出かけて、湖畔のベンチに腰掛ければ、もうふたりを邪魔するものは何もありません。

BEST SEASON
5月〜7月

PRICE
2人で約40万円〜

TRIP PLAN

1日目 成田発、ロンドンへ
日本からロンドンまでは、およそ12時間。夜のロンドンの街並みは、歩いているだけでウキウキ。

2日目 イギリス湖水地方へ
レンタカーを借りてロンドンを北上。6時間ほどで湖水地方に到着。

湖に近づくにつれ、動物がひょこひょこ顔を出す

3日目 バターミア湖をウォーキング！
サンドウィッチを持って湖畔をウォーキング。緑に包まれて、湖畔でゆっくり過ごす時間は格別。

ハイキングコースを登って、山頂から湖を見下ろすのも素敵！

4日目 ロンドンを観光
ロンドンへ戻り、グリニッジ天文台、バッキンガム宮殿、セント・ポール大聖堂……ロンドンは観光地がたくさん！

グリニッジ天文台

5日目 ロンドン発、成田へ

6日目 成田着

イギリス湖水地方
★バターミア湖

moso zekkei 12
蔵王の樹氷／日本

ROMANTIC LEVEL
♥♥♥♡♡

こんなに近くにあった
世界に誇る 日本の雪原美術館

樹氷とは、山の斜面に生える木に雪や水滴がついて凍った、100%天然の氷のオブジェ。日本の中でも限られた山にしかできず、こんなにもたくさんの樹氷を見ることができるのは蔵王だけです。昼は迫力満点の樹氷ですが、夜にはライトアップされて幻想的な姿に早変わり。スキーヤー、スノーボーダーでなくとも、ロープウェーに乗って雪山をトレッキングするだけで、間近で見ることができます。パスポートのいらない場所にある、おすすめデートスポットです。

BEST SEASON
2月初旬

PRICE
2人で約**4万円**〜

TRIP PLAN

1日目 東京発、夜の樹氷を目指して蔵王へ

東京から蔵王へは、新幹線とバスで4時間。夜を待って、樹氷のライトアップへ。幻想的な光景にうっとり。

蔵王温泉でくつろぎのひととき…

蔵王は樹氷だけじゃない！温泉地としても有名。硫黄泉のお湯で冷えた体を温めて。

2日目 樹氷と握手！寒さがつくる巨大モンスター

ロープウェイに乗り、歩いて樹氷の近くへ。人の背丈を優に超える大きさにあんぐり！自然の偉大さを感じる瞬間。

蔵王発、東京着

カチコチ！樹氷は意外と固かった

moso zekkei 13
アンダルシアのひまわり畑 / スペイン

〈travelers' voice〉地平線の彼方まで続くひまわり畑は、ここでしか見られない！／一列に並んだひまわりが可愛くて、その一輪一輪がとっても個性的だった／真っ青な空と黄色のコントラストが印象的／たまに違う向きに顔を覗かせる、「あまのじゃくひまわり」を見つけるのも楽しい

moso zekkei 13
アンダルシアのひまわり畑／スペイン

ROMANTIC LEVEL
♥♥♥♥♥

お日様に咲く花が好き
夏のはじまりをスペインで

初夏の太陽が照りつけるアンダルシア地方。それまでの旅の疲れも吹っ飛んじゃいそうな、どこまでもどこまでも続く黄色い海と真っ青な空。少し行けば、一面のオリーブの木々、静かに佇む古城、そして白い家々が立ち並ぶ「白い村」。このコントラスト、日本では絶対に出逢えません。もっといっぱい写真を撮りたくて、花の間をかき分けずんずん進む。「おーい！」。遠くで彼の声が聴こえる。目の前のすべてがキラキラと輝く、しあわせな瞬間。私をひまわり畑でつかまえて！

TRIP PLAN

1日目　成田発、ヨーロッパ都市乗継、マドリードへ

日本からマドリードまでは、およそ15時間。気温は日本とあまり変わらず過ごしやすい。

2日目　アンダルシアをふたり好みにプロデュース

高速鉄道AVEを使って、アンダルシア地方を満喫。好きな場所へ、好きな時間に自由に行ける旅って素敵！夜はセビリアへ。

＼広がる大草原。ひまわり畑はまだ？／

3日目　地平線まで咲き誇るひまわりの大パノラマ

一面のひまわり畑！楽しみ方は無限大。お気に入りのワンピースを着て、ひまわり畑で追いかけっこ…。誰もが一度は憧れる乙女の夢、叶えちゃった！

＼ここで撮った写真は、一生の宝物！／

・マドリード
ひまわり畑
・セビリア

BEST SEASON
5月下旬〜6月中旬
アンダルシアの夏は暑く、日本のひまわりより開花は早め。場所によって開花は多少ずれるので、ベストな場所を探しながら旅をして

PRICE
2人で約34万円〜
個人旅行ならレンタカーか現地ツアー、タクシーチャーターでツアーに組み込まれていることもある

スペイン

アンダルシア周辺は、マンホールもひまわり！

6日目 成田着

5日目 マドリード発、ヨーロッパ都市乗継、成田へ

撮った写真を見返して、「楽しかったね〜！」と振り返るのも、旅の楽しみのひとつ。

大聖堂に隣接するヒラルダの塔。夜はライトアップされる

4日目 憧れの スペイン暮らしに、キュン

この日はセビリア観光。スペイン広場やセビリア大聖堂は、一見の価値あり。スペイン独特の世界観を味わえる名所。街を歩き、ベンチに座ってぼんやり過ごすと、まるでスペインで暮らしているみたい!?

1929年に万博の会場施設として建設された、スペイン広場

moso zekkei 14
ピンクサンドビーチ / バハマ

〈travelers' voice〉ピンク色に輝く天国のようなビーチは、世界でここにしかない／ピンク＆エメラルドグリーンなんて、女のツボつきまくり！／砂を指先でつまむと小さなピンクの貝殻が混じっている！／ここで結婚式を挙げれば、島民たちがハートフルな祝福のゴスペルを響かせてくれるんだって

moso zekkei 14
ピンクサンドビーチ／バハマ

ROMANTIC LEVEL
♥♥♥♥♥

珊瑚に彩られた薄桃色の
ハネムーンビーチへようこそ

細かく砕けたピンクの貝殻にピンクの珊瑚。恋の色に彩られた砂浜は、ふたりの旅を盛り上げてくれます。故ダイアナ妃がハネムーンで訪れたことでも有名なピンクサンドビーチは、世界中の女の子が憧れる場所。ごろんと寝転がって砂をすくい上げると、白い砂の間にピンク色の貝殻が混じっているのが、よくわかります。広がるラグーンに向かって足を伸ばして目を瞑れば、聞こえるのは波の音だけ。夢見るふたりにぴったりの絶景です。

ナッソー

TRIP PLAN

1日目　成田発、アメリカ都市乗継、ナッソーへ

日本からナッソーまではおよそ17時間。恋焦がれた常夏のビーチへ！めざすは、カリブで最も愛らしい島。

2日目　船で移動　うつろうカリブ海を堪能

時間とともに色を変えるカリブ海、白く輝く砂浜にドキドキ。ナッソーから船で3時間、ピンクサンドビーチへ。

3日目　ピンクサンドビーチに目も心も、くぎづけ！

ほんの少し色づく砂浜が最高にかわいい！裸足になって、ピンクの砂浜を歩こう。

ハネムーナーに人気なのもうなずける

4日目　バラエティに富んだ海のアクティビティ

海をとことん楽しむならナッソーがおすすめ。パラセーリングや、大迫力のシャークダイビングなど、楽しみがいっぱい！ショッピングやカジノもあります。

目の前に海が広がる町

BEST SEASON
4月～6月

年間を通して過ごしやすいが、ビーチを目的に行くなら比較的暖かい4月～6月がよい。7月～10月のハリケーンには気をつけて

PRICE
2人で約58万円～

カリブ海リゾートとして、ツアーも数多く出ている。首都のナッソーとピンクサンドビーチ周辺滞在がセットになったものが主流

★ ピンクサンドビーチ

エルーセラ島

エルーセラ島

プチ情報！

カリブ海を歩くふたり
バハマで永遠の愛を誓い合う

＼海の上で結婚式を挙げられる／
＼ロマンチックな場所もある／

6日目 成田着

5日目 ナッソー発、アメリカ都市乗継、成田へ

帰りの飛行機の中から、すでにビーチが恋しい！

＼ロマンチックな海の景色／　＼ダウンタウンをぶらぶらショッピング／

moso zekkei 15
サンタクロース村 / フィンランド

〈travel advice〉時間の感覚をなくしてしまう静寂の中、オーロラが現れた瞬間は、ただただ感動／いつも見れるとは限らないオーロラを大切な恋人と見れたときは、思わず泣いてしまった／流れ星も何度も見れた／オーロラは、本当に本当にカーテンのように揺れていた

moso zekkei 15
サンタクロース村／フィンランド

ROMANTIC LEVEL
♥ ♥ ♥ ♥

クリスマスの夜には
世界一しあわせでいたいから

誰もが童心に返ることのできる、魔法の村。一歩足を踏み入れると、気分は一気にクリスマスムードに！ 本物のサンタさんとの写真撮影やトナカイのソリに乗れたりと、わくわくが止まりません。そんな雪の積もった晴れた冬の日。雰囲気たっぷりのサンタクロース村を訪れた夜に待っているのは、空にゆらめく神秘的なオーロラのプレゼント。青、紫、緑。光のカーテンに包まれ、思わず息をのんでしまう…フィンランドがくれた最高のクリスマスプレゼントです。

ロヴァニエミ

TRIP PLAN

1日目 成田発、ヘルシンキ乗継、ロヴァニエミへ

日本からロヴァニエミまでは、およそ13時間。北極圏の入り口からわずか8kmにある極寒の街。

空港にいるシロクマにごあいさつ

2日目 本当にいた!?サンタクロース

サンタクロースオフィスではサンタさんと一緒に写真を撮ったり、郵便局ではサンタさんからの手紙をオーダーできる。

クリスマス当日、大忙しのサンタさんは不在なので気をつけて！

サンタクロースオフィスのエントランス

3日目 神様、おねがい！オーロラを見せて！

しっかり休んでスタンバイ。神様のきまぐれに期待して、美しいオーロラを待つ。

BEST SEASON

12月

サンタクロース村は、1年365日がクリスマスだが、一番盛り上がるのは12月。雪とオーロラのコラボレーションは必見

PRICE

2人で約52万円〜

オーロラを見ることができるかどうかは、天候次第。できる限り、日程に余裕を持ったプランで訪れたい

サンタクロース村

6日目 成田着

5日目 ロヴァニエミ発、ヘルシンキ乗継、成田へ

ロヴァニエミからヘルシンキへの移動は、夜の飛行機がおすすめ。運がよければ、窓からオーロラが見えるかも？

／飛行機の中も絶景スポット!?＼

4日目 はじめてのトナカイソリ体験

立派なツノのトナカイが、今日の相棒。ベルを鳴らせば、気分はサンタクロース！ 夜は2度目のオーロラハンティング。今宵、空の奇跡に出逢えますように。

／大そりは、速くてちょっとスリリング！＼

／きらめく星と美しいオーロラはふたりの心を満たしてくれる＼

／雪のように、真っ白なトナカイ！＼

moso zekkei 16
ブレッド島 / スロベニア

〈travelers' voice〉水も空気もきれい。泳いでいる人もいた／教会の真ん中にある鐘を3回鳴らすと願いが叶うらしい／新郎が新婦を抱えて教会に通じる99段の階段を上りきれば、夫婦の願いが叶うんだって／季節、昼夜を問わず、ここはいつでも神々しい美しさに彩られている

moso zekkei 16
ブレッド島／スロベニア

ROMANTIC LEVEL
♥♥♥♥♡

おとぎ話の島は 本当に
東欧の小さな国にありました

かつてヨーロッパ中の貴族が訪れたという、スロベニアきっての観光地。氷河が融けだしてできた湖を、小さなボートで島へ渡ります。愛の女神ジーヴァが宿ると言い伝えられるこの島は、愛しあうふたりが試される場所でもあります。それはなんと、聖マリア教会で結婚式を挙げる際に99段の石段を花婿が花嫁を抱き上げて上るというもの。しかもこの教会の鐘を鳴らすと、ふたりの願いが叶うんだとか。どこを切り取っても愛が詰まった、小さな国の、小さな湖の、小さな島です。

TRIP PLAN

1日目　成田発、ヨーロッパ都市乗継、リュブリャナへ

日本からリュブリャナまでは、およそ15時間。

2日目　リュブリャナをお散歩

地元で人気のレストランを探してランチ。ブレッド湖までは、バスで1時間半ほど。

ケーブルカーに乗れば、こんな景色にも出逢える

3日目　ハイセンスな景色に息をのむ 湖に浮かぶ教会にうっとり

美しいミルキーブルーの水を守るため、湖でのモーターボートの運航は禁止。教会の「幸せの鐘」は絶対鳴らしたい。

手漕ぎボートに乗船！

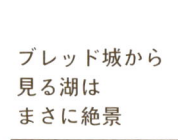

ブレッド島 ★　ブレッド湖

ブレッド城から
見る湖は
まさに絶景

BEST SEASON	PRICE
5月〜9月	2人で約42万円〜
冬は湖面が凍結してボートが出ないこともあるため、春から秋にかけてがおすすめ。特に夏は涼しく景色もいい	クロアチアとの周遊になっているツアーが多い。ブレッドをはじめ、スロベニアをメインにするなら個人旅行で

ブレッド

● ブレッド城

もう1日あれば…

トロッコ列車に揺られポストイナ鍾乳洞へ！

ヨーロッパ最大の鍾乳洞！

中は撮影禁止。かわりに、ポストイナの電車の駅で鍾乳洞のイラストを発見

入り口から冒険の匂いが…

5日目 成田着

⬆

4日目 リュブリャナ発、ヨーロッパ都市乗継、成田へ

さようなら、おとぎの国！ 余韻にひたりながら日本へ。

ブレッドの看板に別れを告げる

スロベニア唯一の島なんだそう

崖の上に建つブレッド城。お城の入り口が見えてきた

moso zekkei 17
アゲダのアンブレラスカイプロジェクト / ポルトガル

〈travelers' voice〉住民も観光客も、みんなをハッピーにするプロジェクト！／風が吹くと傘がふわりと揺れて、それがまたすごく素敵／頭上に浮かぶ傘は、目と心を楽しませてくれる／傘によってたくさんの日陰がつくられて、身体にも優しい／こんなに素敵な通りなら、毎日ここを歩きたい

moso zekkei 17
アゲダのアンブレラスカイプロジェクト / ポルトガル

ROMANTIC LEVEL
♥♥♥♥♡

夏の日差しの合間を縫って
ふたりで歩きたい道がある

見上げれば、カラフルな傘、傘、傘！ 夏のアゲダの空を埋め尽くす傘のパレードは、世界にも類を見ないハッピーな絶景。これは 2012 年から始まったアゲダグエダという芸術祭の一部。世界からたくさんの観光客が訪れます。もともと夏の日差しのきついこの場所に、日陰を提供しようと始まったこのプロジェクト。困りごとをこんなにステキに解決してしまうなんて、さすがヨーロッパ。ハッピーな傘たちに後押しされて、思わず手をつないで歩きたくなってしまいます。

ポルト●
アゲダ★
北大西洋
リスボン●

TRIP PLAN

1日目 成田発、乗継地ヨーロッパ都市へ

日本からリスボンまでは、およそ 17 時間。座席はぜひ窓際へ。雲の上から見る朝日は忘れられない思い出に。この日はリスボンで 1 泊。

2日目 乗継地からリスボン、ポルトへ

リスボンからポルトは電車で 3 時間。お昼はリスボン観光、夜はポルトの夜景を見にいくのがベストプラン (p140)。

ジェロニモス修道院はリスボンが誇る世界遺産

眺めのいい街、リスボン

3日目 空を覆い尽くす傘に感激！
ふたりの心をハッピーにしてくれる

ポルトから電車で、アゲダへ。毎日歩きたくなる街にウキウキ！「届くかなぁ〜」と手を伸ばしたり、ジャンプしてみたり。

BEST SEASON	PRICE
7月〜9月	**2人で約40万円〜**
このプロジェクトは、夏の間の期間限定。日差しはきついが、乾季にあたるのでカラッとしている	アゲダは観光地ではないので、日本発のツアーはない。ポルト乗継の個人旅行で行くのがベター

ポルトガル

5日目 成田着

4日目 ポルト発、ヨーロッパ都市乗継、成田へ

ポルトから成田へ。トラベラーに人気のアムステルダム・スキポール空港での乗継なら、待ち時間も楽しく過ごせそう。

空港の中には飛行機の車輪が。大きい！

空を見上げすぎて首が痛くなっちゃうかも!?

moso zekkei 18

バイカル湖 / ロシア

〈travelers' voice〉美しいガラスの上を歩いているようだった／湖の底の美しい青が透けて見えた…！／異様にも思える透明度。イルクーツクに向かう列車の中からでも、湖底の石一つひとつの模様がくっきり見えた／その幻想的な景色は、ファンタジーの世界そのもの

moso zekkei 18
バイカル湖／ロシア

ROMANTIC LEVEL
♥♥♥♥♥

世界一の透明度
地球が織りなすアイスショー

世界一の水深、世界一の透明度、世界一の貯水量を誇るバイカル湖。そんな3つの世界一をもつ湖に、冬にだけ現れる、この世のものとは思えないファンタジーな絶景があります。分厚い氷が気温の変化とともに収縮と膨張を繰り返し、凍てついた湖面に、美しい氷の塊が盛り上がります。太陽の光を通し、エメラルドグリーンに輝く氷は、どれだけ近くで見ても遜色のない美しさ。いつもとちょっと違う冬を楽しみたい、アクティブで、チャレンジャーなふたりにぴったりの場所です。

BEST SEASON
2月～3月

PRICE
2人で約32万円～

TRIP PLAN

1日目　成田発、韓国乗継、イルクーツクへ

日本からイルクーツクまでは、およそ17時間。冬の気温は0℃を下回る。寒さ対策は万全に！

2日目　魅惑のバイカル湖へ

バイカル湖最大の島、オリホン島へ！ ブリヤート人の住むこの島は、極東ロシアの文化を今に伝える場所。

割れないか心配…！
氷の上を車で走る

3日目　美しすぎる雪と氷のコントラスト

オリホン島を代表する景色、シャーマン岩は神秘的な美しさ。ブリヤート人が多く住むフジール村や、北部のボポイ岬も訪れてみて。

さすが世界一の透明度！
エメラルドグリーンに輝く氷

5日目　イルクーツク発、韓国乗継、成田へ

帰りは乗継がうまくいけば9時間くらいで、その日のうちに成田着。

4日目　どこいく？ なにする？　イルクーツク観光

今日はイルクーツク観光。街の中心キーロフ広場や郷土史博物館、古い木造建築の住居や教会など、気になる場所がたくさん。めいっぱい楽しもう。

イルクーツクの繁華街
ウリツキー通り

絶景プロポーズ
2:バイカル湖

　「綺麗…！」。あたり一面に広がる、エメラルドグリーンに輝く氷。近くで見ると、あまりの透明度に息をのむ。一瞬寒さを忘れた。「結婚…しよ」。ため息のように漏れた言葉に、空気が凍てつく。な、なんかちょっと、泣きそうかも…！
　「決めた！　私、プロポーズする」。27歳独身、人生最大の決意。はじまりは、同僚からのLINEだった。「聞いて！　プロポーズされちゃった！　私、結婚する!!」突然の吉報。すぐに「おめでとう！」と返信した。「ありがと！　次はあんただね！」。…ハッとした。彼が私にプロポーズ!?想像できない。私は何も返事ができず、そのまま考え込んでしまった。
　彼はいつも無表情でほとんど笑わない。私の心をすべて見透かしているかのような、鋭く細い目をしている。付き合って2年、彼が何を考えているのか未だによくわからない。そんなミステリアスなところが大好きなんだけど。でも、彼は私のどこが好きなんだろう。彼との未来はあるのかな…？　焦った私は、当たって砕けろ！　との思いで、彼にプロポーズすることに決めたのだった。
　手料理を振る舞ってその流れで…いやいや、料理はあんまり得意じゃないからダメ。夜景が見えるレストラン？　うーん、それもなんだか、ぱっとしない…。スマホ片手に悶々と調べていると、ぴったりの場所を見つけた。「バイカル湖」。透明で少し尖った感じが、彼に似ている。これだ！　勢いに身を任せ、ネットで航空券を予約。私史上、最大のチャレンジがはじまる。
　はじめての旅行がよりによってバイカル湖。飛行機に乗ってロシアへ。イルクーツクから車で1時間半。想像以上に神秘的な世界が視界いっぱいに広がる。「透明ですごく綺麗でしょ。君の雰囲気に似てると思ったの」「バイカル湖でしょ。ネットで見たことある。ロシア革命で亡命した25万人が凍死して、ここに眠ってるんだよね」「え!?」思わず足下を見た。罪悪感と調査不足という羞恥心で、血の気が引いた。「…ぶふ」ん？　彼が俯いて震えている。笑っている…！　初めて、自分の馬鹿さに感謝した。ぴゅぅ…キンと冷たい風が鼻を突いて、声が出なくなった。タイミングをなくして、そのまま黙って歩く。なんとなく、手をつないでみる。あたたかい。しあわせだなぁ。
　「結婚…しよ」。ポロリと出た言葉に頭が真っ白になった。ど、どどどどうしよう！　もっとイイ雰囲気になってから言うつもりだったのに…！　彼は細い目を見開いて、私を見つめ、ぶはっ！　と思いっきり吹き出した。「顔、真っ赤」。そう言って私の頬に手をあて少し微笑み、「そうだね」。そ、そうだね…？　混乱していると、彼の顔がゆっくり近づいてきた。静かで短めのキス。離れると、彼の顔もまた、真っ赤だった。なにこれ…!!!キュンが増殖する。限界だ…っ！　美しい透明の世界に、私は大の字になって倒れた。

moso zekkei 19
タバルア島 / フィジー

〈travelers' voice〉広いプールとジャグジー。冷えたビールを買ってジャグジーに直行するのが最高の贅沢 / バイキングのレストランもバリエーションが豊富 / タバルアの水は本当にクリアで美しい

moso zekkei 20

ハートリーフ / オーストラリア

〈travelers' voice〉本当にハートの形をしていた！これが自然の力でできたものなんて、すごい／グレートバリアリーフの美しい珊瑚礁にはため息をつくほど／クジラも数回見れて最高だった！

moso zekkei 19
タバルア島/フィジー

ROMANTIC LEVEL
♥ ♥ ♥ ♥ ♥

世界で一番最初に
日が昇るビーチ

こんなにも綺麗でかわいいハート。自然にできたなんて、なかなか信じられませんが、正真正銘、天然の産物。15分もあれば一周できてしまう小さな島ですが、渡るには、宿泊施設を利用する以外に方法はありません。世界有数のサーフポイントとだけあって世界中のサーファーたちの憧れの地でもあります。日付変更線にほど近いフィジー。世界で最初に日が昇るビーチの一つです。ここに泊まるには常に数年待ちという人気ぶり！ 一生に一度の贅沢を味わう旅です。

BEST SEASON
6月〜9月

PRICE
2人で約 74万円〜

TRIP PLAN

1日目　成田発、アジア or オセアニア都市乗継、フィジーへ

日本からフィジーまでは、およそ19時間。

2日目　笑顔あふれる楽園、フィジー

南国ムードに、思わず頬がゆるむ。「こんにちは」はフィジー語で「ブラ」。町を歩くといたるところで声をかけられる。

ナンディの空港では
ウクレレ演奏と生歌で歓迎！

3日目　奇跡のツアー！ タバルア島へ

タバルア島は、限られた人しか行けない特別な場所。何年も予約待ちして、ようやく行ける場所。

海に浮かぶハートの上で過ごす、
ワンランク上のバカンス

4日目　フィジー発、アジア or オセアニア都市乗継、成田へ

帰りは乗継がうまくいけば、14時間で日本に到着。

心ゆくまでフィジーを楽しんで

moso zekkei 20
ハートリーフ／オーストラリア

ROMANTIC LEVEL
♥♥♥♥♡

空から見下ろすハートの珊瑚礁は
ふたりのしあわせの証明

ハミルトン島から水上飛行機に乗り込んで、テイクオフ。世界遺産、グレートバリアリーフを上から眺める遊覧飛行は、夢のような時間です。美しい珊瑚礁の中に姿を現すハートリーフ。カップルでハートリーフを見ると、必ずしあわせになれるんだとか。上陸はできないので、空からしか見ることができません。限られた時間の中、限られた空間でしか見られない絶景を、しっかりと目に焼きつけて。

BEST SEASON
9月〜11月

PRICE
2人で約 30万円〜

TRIP PLAN

1日目 成田発、ケアンズ乗継、ハミルトン島へ
日本からハミルトン島へは、およそ11時間半。

2日目 ヘトヘトになるまで遊ぶなんていつぶり!?
世界最大のサンゴ礁の海、グレートバリアリーフに囲まれたハミルトン島にはアクティビティが満載。

思いっきりはじけるのにもってこいの島

3日目 海に浮かぶたった一つのハートに逢いに、空を飛ぶ
水上飛行機に乗り、上空から楽しむ念願のハートリーフ。一緒に見たふたりは、永遠に結ばれるんだって。自然がくれた愛のプレゼントに胸が高鳴る。

ハミルトン島に戻りビーチに上陸したら、そのままシャンパンで乾杯

海とサンゴ礁の境界線が綺麗

4日目 ハミルトン島発、ケアンズ乗継、成田へ

5日目 成田着

オーストラリア
ケアンズ
ハミルトン島
★ハートリーフ

moso zekkei 21
コルマール / フランス

〈travelers' voice〉木組みの家は白だけでなく、ピンクやブルーや黄色など優しい色あいで、キャラメルみたい／かわいい野の花でいっぱい飾られていて、この町を嫌いな日本人はいないと思う／昔ながらの建物が多く残されていて、まるで中世の町に潜り込んだみたいでした

moso zekkei 21
コルマール／フランス

ROMANTIC LEVEL
♥♥♥♥♡

「メルヘン」という言葉が
いちばん似合う場所

木組みの家、ウロコ屋根、鉢植えのゼラニウム。運よく戦火を免れたコルマールは、中世の佇まいを今に伝える町。まるでタイムスリップしたかのような雰囲気に、乙女の心は躍ります。趣きのあるレストランで小粋にランチを済ませたら、ジェラートを買って半分こ。運河に沿って歩けば、かわいい雑貨やお菓子が目に飛び込んできて、全部のお店に入りたくなっちゃう。ゴンドラデートもいいな。女の子のかわいいを全部詰め込んだ世界一メルヘンな場所です。

アルザス地方

TRIP PLAN

1日目　成田発、ヨーロッパ都市乗継、ストラスブールへ

日本から、ストラスブールまでは、およそ14時間。ヨーロッパへの空の旅は、飛行機から見える景色も楽しみたい。

大聖堂の前には絵描きさんが！
ふたりで描いてもらってもいいね

2日目　全部がかわいい！憧れのフランスでデート

ストラスブールを堪能！まずは外装、内装ともに美しいサンマルタン教会へ。道にはいろんなショップが並んでいて、ついつい寄り道。

3日目　スウィートな街、コルマールがふたりを待っている

映画『ハウルの動く城』のモデルとも言われる町、コルマール。小さな運河をゴンドラで遊覧。歩くのもよし、眺めるもよし。

看板のモチーフもかわいい！

BEST SEASON
5月～9月
街を彩る花々が咲く季節がおすすめ。空気も乾燥して過ごしやすい。また、冷え込みこそ厳しいがクリスマスも賑わう季節の一つ

PRICE
2人で約30万円～
コルマールと、その他フランスのアルザス地方を周遊ツアーになってしまうので、コルマールにこだわりたい場合は個人旅行で

もう1日あれば…
乗継地アムステルダム観光がおすすめ

＼モダンでゴージャスなアムステルダムの駅／

6日目 成田着

5日目 ストラスブール発 ヨーロッパ都市乗継、成田へ
ストラスブールの空港はとっても小さい。搭乗口までは迷わずに行ける。ドイツにほど近いので、ドイツ語表記もちらほら。

4日目 コルマールを楽しんだ後はストラスブールへ
かわいすぎる街に後ろ髪を引かれながら、列車でストラスブールへ。

＼町をゆっくり走る汽車の形のバスは観光客に人気／

moso zekkei 22
ミラクルガーデン / アラブ首長国連邦

〈travelers' voice〉昼下がりにゆっくり過ごすのにぴったりな場所／砂漠の真ん中にこんな場所があるなんて、信じられなかった。文字通り、ミラクル！／まさに砂漠のオアシス／オブジェのように家が花で植えつくされていたり、車に花が植えられていたり、これでもかーっ！　というほど花であふれている

moso zekkei 22
ミラクルガーデン／アラブ首長国連邦

ROMANTIC LEVEL
♥♥♥♡♡

砂漠にあらわれた
奇跡の庭

ドバイが砂漠につくったのは、高層ビルが立ち並ぶ近代都市だけではありません。ここは東京ドームの15倍という、世界一大きなフラワーガーデン。花で形作られた動物やオブジェの数々は、とっても華やか。訪れたふたりを出迎えてくれる4500万本の花々。暑さに強い、たった45種類の花でここまで表現できるなんて、驚きです。見どころたくさんのドバイの中でも、デートにとっておきのスポット。さすがドバイ！ というべきゴージャスな絶景です。

TRIP PLAN

1日目 成田発、ドバイへ

日本からドバイまでは、およそ11時間。ドバイ国際空港は、その広さとゴージャスな雰囲気に驚き！

2日目 気分はセレブ アラビアンリゾートへ

早朝ドバイに着いたら、そのままアブダビ観光へ。世界一の高さを誇るタワービル、ブルジュハリファは外せない。

／ブルジュハリファの高さは828m！スカイツリーよりはるかに高い！

3日目 エキゾチック！ミラクルガーデン

ドバイ中心地から車で20分、突然現れるエキゾチックな庭園。カフェで休憩しながら、優雅に見て回ろう。

／極彩色がクセになる！

／こちらがガーデンの入り口

ペルシャ湾

ドバイ

BEST SEASON
2月～3月

日本の秋くらいの気候で雨もほぼ降らないが、突風に要注意。暑さで花が育たない5月中旬～10月中旬まで、ガーデンは閉園中

PRICE
2人で約18万円～

近年、ドバイのツアーが増えており、行きやすい価格のツアーもたくさん出ている

● ブルジュハリファ

★ ミラクルガーデン

5日目 ドバイ発、成田へ
ドバイからは深夜発の直行便でその日のうちに成田着。

4日目 ショッピング！
ショッピングモールやスーク（市場）でお買い物。お土産にはスークで買ったスパイスとゴールドアクセサリー。

＼ドバイの空港でもショッピング／

もう1日あれば…

スリル満点！ 砂漠のアクティビティ

4WDに乗って、広い砂漠を縦横無尽に駆け巡る！夕日が差すと、昼間とはまったく違う顔を見せてくれる。

＼キャー！キャー！／

世界中のスパが楽しめる
ラグジュアリーなホテルで宿泊

＼女性用はもちろん、男性用も充実！／

moso window

ある朝、窓の外を見たら心躍る絶景が広がっていました。なーんて、夢みたいな話があればいいのにな。ここは、そんな願いが叶う夢の世界。ちょっとの間、窓から見える景色を楽しんでみてください。

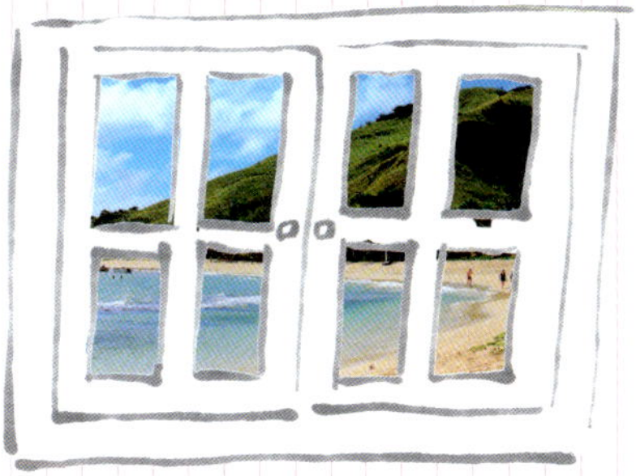
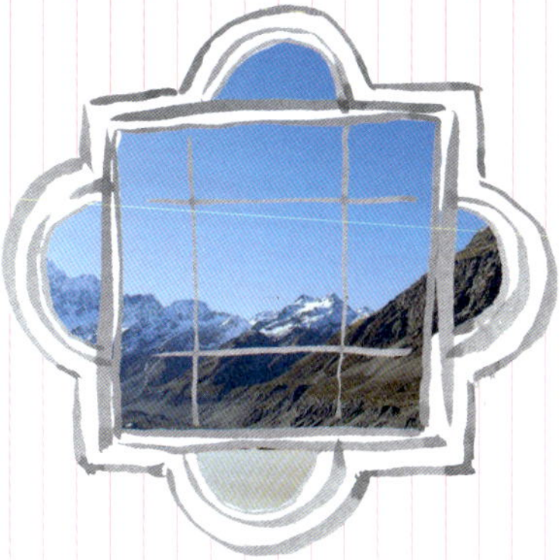
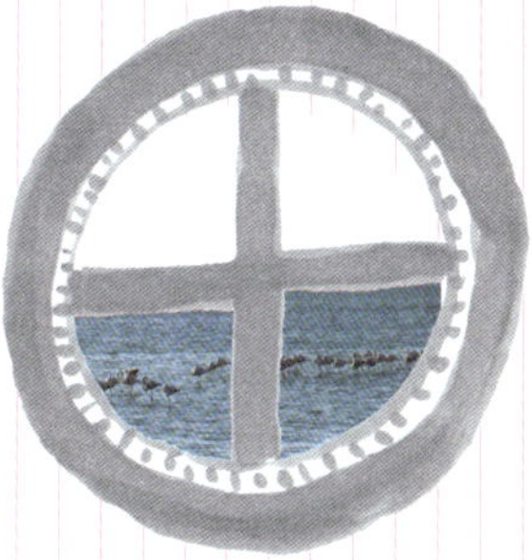
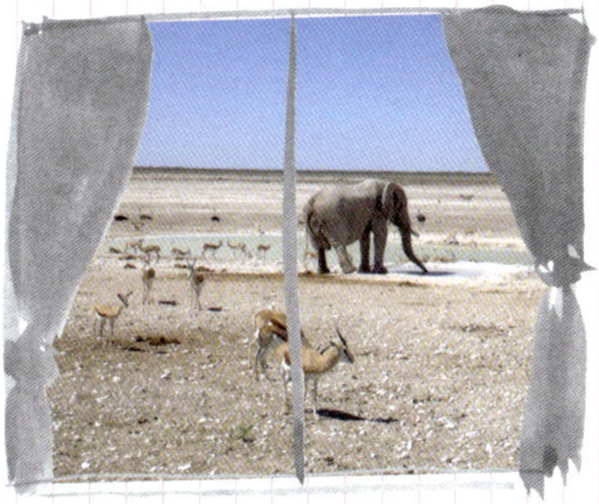
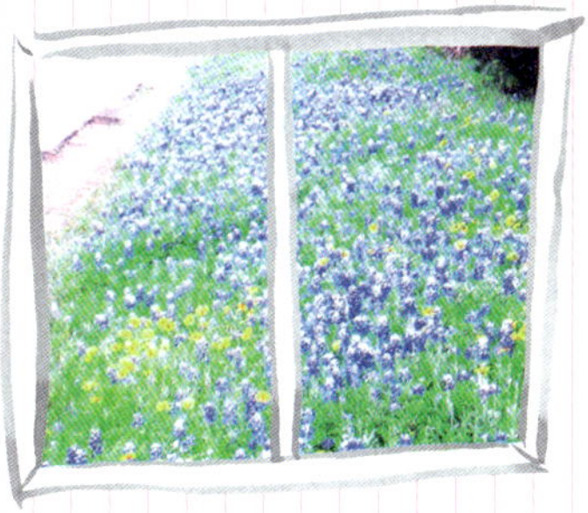
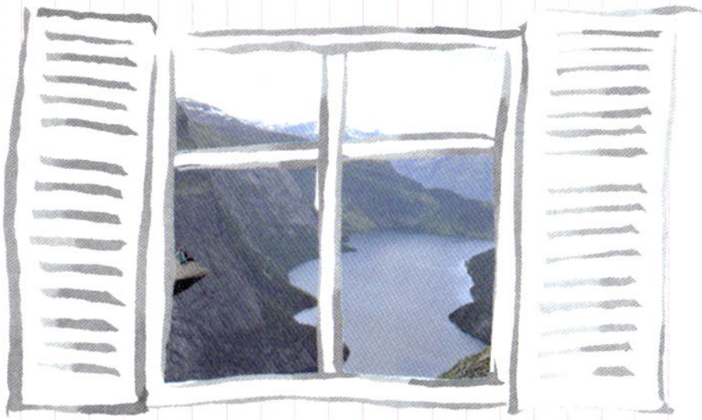

zekkei mood

旅に出るなら、ふたりの姿がよく映えて、ふたりの空気がよくなじむ、ふたりに似合う場所がいい。それならばと、この本に掲載している43の絶景を4つのムードに分けてみました。ふたりのムードに、ぴったりの絶景を見つけてください。

mystery
妖艶な世界に包まれて、ゆらゆら煌めくふたりの時間。落ち着いているけれど、ちょっぴり独特なムード。知的なふたりにぴったりな絶景。

mystery + romantic
color= …purple
purple …beautiful…
sexy…elegant!

← elegant

* レンソイス・マラニャンセス国立公園 …p116
* バイカル湖 …p76
* ナミブ砂漠 …p156
* ケーブルビーチ …p164
* バガン …p136
* アルバラシン …p112
* バターミア湖 …p52
* キャメロンハイランド …p44
* サマルカンド …p100

mystery

* マウナケア …p160
* ブレッド島 …p68
* ハートリーフ …p81
* テカポ湖 …p28
* サントリーニ島 …p145
* ポルト …p140
* ドブロブニク …p108
* ホワイトヘブンビーチ …p104
* ピンクサンドビーチ …p60
* プロヴァンスのラベンダー畑 …p124
* 弘前公園の花筏 …p148

romantic

romantic
女の子なら誰もが憧れる。綺麗な景色にふたりとお酒。乾杯をした後は、寄り添い合って眺めましょう。大人なふたりにぴったりな絶景。

b= romantic - elegant
b= happy - cheerful
b= sweet!

a = adventure - cheerful
a = mystery - elegant
a = miracle !

↑ **miracle**

adventure

✳ 聖ワシリー寺院 ...p120　　　　✳ 北極 ...p152
　　　　✳ ミラクルガーデン ...p88
　　　　　　✳ シーギリヤロック ...p49
✳ トロルの舌 ...p96
　　　✳ ヒドゥンビーチ ...p40

　　　　✳ ナヴァイオビーチ ...p129

　　✳ 蔵王の樹氷 ...p53
✳ ウユニ塩湖 ...p20　　✳ カッパドキア ...p101

→ **cheerful**

　　　　　　　✳ シャウエン ...p144
　✳ タバルア島 ...p80
　　　　✳ ヴァルドルチャ ...p24
✳ テキサスヒルカントリー ...p48　✳ サンタクロース村 ...p64
　　　　✳ 羅平の菜の花畑 ...p128
　　✳ アゲダのアンブレラスカイプロジェクト ...p72
✳ 愛のトンネル ...p125
　　　✳ アンダルシアのひまわり畑 ...p56
happy
　　　　　✳ コルマール ...p84
　✳ サルベーションマウンテン ...p32
　　　　✳ ブラーノ島 ...p36
✳ ブリュッセルの花の絨毯 ...p37

↓ **sweet**

adventure
ヒールなんて履いていられない！とんでのぼって、またとんで。下手な遊具はいらない、楽しい時間はふたりでつくる。元気なふたりにぴったりな絶景。

adventure + happy color = ... yellow !
yellow ... enjoy.
young,
cheerful !

happy
笑顔が似合うふたりには、ハッピーな場所がちょうどいい。手をつないで、うたを歌って、どこへだって歩いていける！天真爛漫なふたりにぴったりな絶景。

moso zekkei 23

トロルの舌 / ノルウェー

〈travelers' voice〉山並みと透き通るようなフィヨルドの美しさには圧巻／「自分たちが立っているときに折れちゃったら…」というスリルでドキドキ／この場所こそ、遥かなる「北の道」のフィヨルド真骨頂／時にとても怖いけれど、階段をハイキングすることもおすすめします

moso zekkei 23
トロルの舌／ノルウェー

ROMANTIC LEVEL
♥ ♥ ♥ ♥ ♡

ふたりだけの舞台に照らされる
太陽のスポットライト

数多くの美しい自然の造形美が残る北欧の中でも、ひときわ目を惹く絶景。妖精トロルの舌に似ていることから、その名で呼ばれるようになりました。標高1,000m。今にも折れてしまいそうな薄い岩に、眼下に流れるフィヨルド。一人じゃ足がすくんじゃうけれど、ふたりなら歩いていける。定番の写真撮影は、岩の先に腰掛けて？　それとも勇気を出してふたりでジャンプ？　それとも…？　あなたは、どんなポーズで写りますか？

●ベルゲン
★トロルの舌
●オッダ

TRIP PLAN

1日目　成田発、ヨーロッパ都市乗継、ベルゲンへ

日本からベルゲンまでは、およそ18時間。旅行会社のツアーのみ直行便あり。こちらは11時間で到着。

2日目　絶景の拠点、オッダへ

ベルゲンからオッダへ、バスで3時間の道のり。

3日目　夢にまで見た絶景に到着　まるで空を飛んでいるみたい！

オッダからいよいよトロルの舌へ。登山口でランチを買って、頂上の絶景スポットでいただきます!?

＼登山道には、トロルの舌までの看板が！／
＼登山にチャレンジ！バッチリ装備していこう／ 
＼ケーブルカー乗り場／

BEST SEASON
6月中旬〜9月中旬
オフシーズンは登山口までのバスがなくなり、お店やレストランの多くが閉まっているので、人が多くても夏に訪れるのがベター

PRICE
2人で約60万円〜
旅行会社のツアーでのみ直行便で行くことができるが、個人で宿・飛行機を手配するよりも、やや値は張る

ノルウェー南部

7日目 成田着

6日目 ベルゲン発、ヨーロッパ都市乗継、成田へ

ベルゲンの空港までは、空港バスで市内から、およそ30分ほど。

5日目 日帰りフィヨルド観光

トロルの舌から眺めたフィヨルドを今日はゆったりクルージング。水面に映りこむ大自然は壮観。

青い水と緑の壁がとっても近い！

4日目 ベルゲン観光へ

ベルゲンに戻って街を散策。港の西岸、ブリッゲンの鮮やかな三角屋根の街並みを楽しんだり、フロイエン山のケーブルカーに乗ってみて。

フロイエン山からの街並み！

世界遺産の街、ブリッゲン！

moso zekkei 24
サマルカンド / ウズベキスタン

〈travelers' voice〉鮮やかで荘厳な建物は往時の繁栄ぶりを強く物語っている／ずっと見ていても飽きないくらい綺麗で荘厳／圧倒的なタイル装飾の美しさ！ どこもかしこも写真に撮りたくなります

〈travelers' voice〉世界は広い！と実感できる。自然がつくり出す芸術に勝るものなし / 火星に来たような気分 / 気球に乗って飛び立った瞬間、異次元にいるかのような感覚に心が震えました

moso zekkei 25
カッパドキア / トルコ

moso zekkei 24
サマルカンド / ウズベキスタン

ROMANTIC LEVEL
♥♥♥♡♡

サマルカンドブルーの世界
異国の文化が交差する青の都

シルクロードの真珠とも称される、世界遺産の都市サマルカンド。東西文化の交流地点として、紀元前からアレキサンダー大王や玄奘三蔵など、多くの偉人がその栄華と美しさを讃えています。繊細なアラベスク模様で彩られた数々の建物は、息をのむ絶景。見上げると、空を覆うほどの壮大なモスクの青と、その隙間から見える空の二つの青。日本では、まだまだ馴染みのない場所だからこそ行ってみたい。知的なふたりの好奇心をくすぐる、青の都です。

BEST SEASON
3月～5月

PRICE
2人で約 38万円～

TRIP PLAN

1日目 成田発、韓国 or 中東都市乗継、タシケントへ

日本からタシケントまでは、およそ19時間半。

2日目 ウズベキスタンの新幹線で サマルカンドブルーを目指す

レギスタン広場やシャーヒズィンダ廟群などモスクを観光。壁や天井に敷き詰められたタイルの幾何学模様に、心奪われる。

レギスタン広場にあるシェルドル・マドラサ。このモスクの雄大さは見てみないとわからない！

3日目 タシケント発、韓国 or 中東都市乗継、成田へ

タシケントに戻り、ローカルな旅を楽しんだ後、日本へ。

バザールでお買い物

サマルカンド最大の、シャブバザールへ。名物の大きなナンは、ふたりで半分こして丁度いいくらい！

かわいいスザニ（布）を選んで、お土産に

4日目 成田着

サマルカンド
シャブバザール ● ● シャーヒズィンダ廟群
● レギスタン広場
（シェドル・マドラサ）

moso zekkei 25
カッパドキア／トルコ

ROMANTIC LEVEL
♥♥♥♥♡

気球から見る太陽と地平線
ロマンチックは止まらない

カッパドキアの旅。いつもよりちょっぴり早起きすると、空の上のデートのはじまりです。あたりはまだ真っ暗。バーナーから立ち上がる炎。ぐんぐん気球は上空へ。そして、ほどなく迎える日の出。高さ1,000フィートから迎える、素晴らしい1日が幕を開けます。徐々に明るくなっていく空に浮かぶ無数の気球と、地平線から顔を出す太陽を遠くに眺めながら、このまま時間が止まってしまえばいいのに…と願ってしまうのです。

BEST SEASON
4月～9月

PRICE
2人で約32万円～

TRIP PLAN

1日目 成田発、イスタンブール乗継、カイセリへ

日本からカイセリまでは、およそ16時間半。そのままカッパドキアへバスで移動。岩を掘ってつくられた憧れの洞窟ホテルで宿泊。

ぼんやり灯るホテルの明かりは、なんとも幻想的

2日目 カッパドキア観光

デブレント渓谷にギョレメ野外博物館、エセテンベ、カイマクル地下都市…カッパドキアは1日じゃまわりきれない！

デブレント渓谷にあるラクダ岩

3日目 大パノラマの気球ツアー

気球に乗ってサンライズツアー！朝日に照らされたカッパドキアと、気球のコラボレーションは、かわいくて少しアドベンチャー。午後は、昨日回れなかったカッパドキアの見どころを回ろう。

ぷかぷか、いい気持ち

4日目 カイセリ発、イスタンブール乗継、成田へ

5日目 成田着

moso zekkei 26

ホワイトヘブンビーチ / オーストラリア

〈travelers' voice〉私が今まで見た中で最も美しいビーチ！ そして、こんなに白くて美しい砂を見たことがない／写真や本で何回も見たけど、本当に綺麗です。白い砂浜、透き通るような海！ 本当に感動した場所の一つです／ビーチでランチ、シャンパンを飲んで…至福のひとときでした

moso zekkei 26
ホワイトヘブンビーチ／オーストラリア

ROMANTIC LEVEL
♥♥♥♥♥

天国ってきっと
こういうところを言うんだろうな

純真無垢のパウダーサンドが眩しいオーストラリアの無人島にあるビーチ。専用の水上飛行機に乗れば、静かに打ち寄せる波が、止めどなく白い模様を描いていく様子がわかるはず。河口付近で見ることができる、砂の白から海の青へと続くグラデーションは、地球というキャンバスに描かれたマーブルアート。訪れた人の心を離さない光景です。ホワイトヘブン＝白い天国という名前にふさわしい絶景ビーチで、最高の休日が待っています。

TRIP PLAN

1日目　成田発、ケアンズ乗継、ハミルトン島へ

日本からハミルトン島までは、およそ11時間半。

2日目　いよいよホワイトヘブンビーチへ

クルーザーに乗れば、そのまま真っ白な砂が美しいホワイトヘブンビーチを満喫！

オーストラリア本島

3日目　オーストラリアの海を遊びつくす

今日は水上飛行機でホワイトヘブンビーチを上空から堪能。その後は、シュノーケルやカヤックでサンゴ礁が広がる海を遊ぼう。

空からでも真っ白な砂が見えるのは、海がとっても透明な証

空の旅のはじまりはじまり

BEST SEASON	PRICE
10月～11月	**2人で約40万円～**
一年を通じて楽しめるが、乾季は海の透明度が上がり風も少ないので、白い砂浜が最も美しく見える	ビーチを訪れるだけでなく、飛行機から見るローカルツアーやクルーズツアーなど、好きなプランで過ごしてみて

ウィットサンデー島

ウィットサンデー島
★ホワイトヘブンビーチ
ハミルトン島

5日目 ケアンズ発、成田へ

青い空、青い海、青々とした熱帯雨林…飛行機から見る、ありのままの自然も本当に綺麗。その日のうちに成田着。

4日目 大自然に恵まれた街、ケアンズを観光

ショッピングを楽しんだ後は、ケアンズ・トロピカル・ズーのナイトサファリへ。コアラをだっこしたり、大きな蛇を首に巻いたり…ちょっぴり危険、でも楽しい！笑ったり叫んだり、大忙し。

夜行性の動物たちが出迎えてくれる

誰もいない小島で、ふたりだけの時間

広大なビーチでゆっくりくつろぎたい

カモメかこんにちは

マーケットで見つけた搾りたてのサトウキビジュース

moso zekkei 27
ドブロブニク / クロアチア

〈travelers voice〉魔女の宅急便のキキがこの空を飛ぶ姿を想像してキュン♪／ロープウェイ海から見た夕日に染まる旧市街も素敵／海や建物が綺麗なだけでなく、人も優しく治安もいい／統一感ある街並みなのに、角度によって違って見えるの凄い／海の色がすごくいい。絵本の中みたい

moso zekkei 27
ドブロブニク／クロアチア

ROMANTIC LEVEL
♥♥♥♥♡

かがやきを取り戻した
アドリア海の真珠

「ドブロブニクを見ずして天国を語ることなかれ」。劇作家バーナードショウに、そう言わしめた地。周囲を城壁で囲まれた美しい要塞都市は先の内戦で多くの建物が破壊されましたが、人々の手でその街並みを蘇えらせました。ケーブルカーに乗ってスルジ山から見える眺めはもちろんのこと、要塞の上から間近に見るオレンジ色の瓦が連なる景色は、街をより近くに感じて感動もひとしお。遠くに見えるアドリア海の青と相まって、心がときめく絶景がふたりを待っています。

BEST SEASON
5月〜9月

PRICE
2人で約38万円〜

TRIP PLAN

1日目 成田発、中東or
ヨーロッパ都市乗継、ザグレブへ

日本からザグレブまでは、およそ14時間。

2日目 ドブロブニク散策

ザグレブから国内線で1時間、ドブロブニクに到着。気ままに旧市街の路地をぶらぶら。

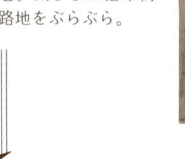

3日目 色鮮やかなドブロブニクを回る

ケーブルカーに乗って、スルジ山から真っ青なアドリア海と、オレンジの街並みを望む。山頂のカフェでほっこりすると、旅一番のしあわせな時間に。

5日目 成田着

4日目 ザグレブ発、中東or
ヨーロッパ都市乗継、成田へ

機中泊

ケーブルカーや山頂からの眺めは、美しいの一言

絶景プロポーズ
3: ドブロブニク

「またそんな狭い道通るの？」「うん！」4つ年下、もうすぐ社会人の彼は、いつもカメラを首から下げて嬉しそうに路地へ入る。今日は、少しボロっとした薄暗い路地。猫の目が光り、「わっ」と言うと、彼は八重歯を見せて笑う。狭すぎて横並びで歩けないときは、私が先を歩く。たまに彼の気配がなくなって振り向くと、少し離れたところでしゃがみこむ彼が、私の振り向く瞬間をレンズで捉える。撮られるたびに私は照れるが、彼は、にこにこカメラの画面を見つめている。

1年前。朝、駅へ向かう途中、声をかけられた。「一目惚れしました！ よかったら電話ください！」顔を赤くしてメモを突き出す彼に、私はキュンときた。それがふたりのはじまり。特に喧嘩もせず仲良くつき合ってきた。頼りない部分もあるけど、優しくてかわいい彼が好き。平日はそれなりに仕事をこなし、休日は彼と散歩を楽しむ…。なんてしあわせな生活なのだろう！ そう思っていた。

しかし、彼がめでたく入社したと同時に、私のキャリアは5年目に突入。だんだん忙しくなっていき、会えない日々が続いていた。やっと会えた日に仕事の電話がかかってくることもあり、「大丈夫？」と彼は気を遣う。すごく申し訳なかったし、彼を不安にさせているかもしれないと、心配だった。

お盆休み、ふたりだけの慰安旅行をすることにした。成田空港からウィーンで乗り継いで、ザグレブへ。1日観光し、翌日、彼が楽しみにしていたドブロブニクに到着。オレンジ色の街並みは、すごくかわいい。そしてそこには、今まで見た中で、群を抜いて美しい路地が続いていた。私は「かわいい！」と言って、少し前に駆け出す。「ね！」と振り返ると、パシャッと写真を撮られた。彼は嬉しそうな顔で、「うん、今までで一番かわいい！」と言った。

夜、街灯に照らされる街を歩きながら、彼は話し始めた。「告白したとき、一目惚れしたって言ったでしょ。本当は、あのとき一目惚れしたんじゃなくて、もう少し前」「えっ」「路地は、通り抜けた先がわからないのが、子どもの冒険みたいで、僕の人生みたいなもの。ある日、路地を撮ってたら、路地の向こうにぴったり収まった綺麗な人が撮れた。君は僕の人生に飛び込んできたんだ」と彼は笑う。胸がドキドキする。「これからも、一緒に歩きたいんだ。先を歩いて行っちゃってもいいよ。それでもいつも、振り向いてくれるでしょ？ それだけで僕は嬉しいから、僕たちは大丈夫。だから、結婚しよう」「えっ！」。驚きすぎている私を見た彼は、思いきり八重歯を見せて笑う。ふたり手をつないで歩く、薄暗いオレンジの路地。私は、この人と歩いていくと決めた。

moso zekkei 28
アルバラシン／スペイン

〈travelers' voice〉石畳の道が複雑に入り組んでいて、とても趣があります。「この先はどこに繋がっているのだろう？」とワクワク／美しい村を歩いているだけで世界中の幸福を独り占めしたような満足感／起伏の激しい坂と階段の多い路地は、ハウス名作劇場の世界

moso zekkei 28
アルバラシン／スペイン

ROMANTIC LEVEL
♥ ♥ ♥ ♥ ♥

訪れた人を虜にする
アラブとローマが出逢う街

褪せた赤色の建物が美しい峡谷の村。狭く急な石畳の小道。ふと振り返ると、この村の長い歴史を物語る崖に建てられた家々。ふと見上げると今にも落っこちそうなアラブの瓦屋根。いつの間にか中世にタイムスリップしたみたい！ 期待に胸を膨らませたふたりが向かった先は、古い城壁が残る裏側の山。彼に手をひかれて頂上にたどり着くと、さっきまでいた村が、ジオラマのように広がります。その絵画のようなかわいい景色に吸い込まれていきそうです。

マヨール広場●

TRIP PLAN

1日目 成田発、ヨーロッパ都市乗継、マドリードへ

日本からマドリードまでは、およそ16時間。

2日目 車を走らせ、アルバラシンへ

マドリードから車で3時間。アルバラシンに到着！ ぼんやり揺らめく街の灯が美しい。

町の中心、マヨール広場は昼も夜も人が集まる

長い夜も楽しんで

スペインの夜は長い。大人も子どもも遅くまでごはんを食べたり外に出ている。

石畳の路地を歩くだけでも楽しい

今宵は街角のバルでディナー

昼間は暖色に、夕暮れ時には紫色に見える不思議な村

BEST SEASON
5月〜6月、10月〜11月

山間のアルバラシン。夏の日差しは暑く、冬の寒さは厳しい。春と秋が気候も安定していて過ごしやすい

PRICE
2人で約32万円〜

ツアーでも立ち寄ることが、ほぼない場所。マドリードからはレンタカーやバスでアルバラシンへ行く個人旅行が一般的

アルバラシン

5日目 成田着

4日目 マドリード発、ヨーロッパ都市乗継、成田へ

お土産には、ワインや羊のチーズがおすすめ！もう1泊余裕があれば、マドリードで観光しても◎

市場には色とりどりの野菜や果物

3日目 城壁に登って スペインの風に吹かれる

城壁を登るのはちょっぴりハード。アクティブなふたりにぴったりの散歩コース!? でも、その先に見える景色は本当に綺麗。

村が見えた！

moso zekkei 29
レンソイス・マラニャンセス国立公園 / ブラジル

〈travelers' voice〉180度、すべてが砂漠です。白い砂と青い湖のコントラストがとても綺麗／空からは無数のラグーンを眺めることができ、感動／砂漠にエメラルドグリーンの水たまり？本当に素敵／湖はそこまで深くはなくて、魚が泳ぐ姿も見ることができました

moso zekkei 29
レンソイス・マラニャンセス国立公園／ブラジル

ROMANTIC LEVEL
♥♥♥♥♥

砂丘に湧き出る湖と
輝く一面のクリスタル

いったい何でできているの!? ガタガタ道を揺られ辿り着いた、真っ白な波打つ砂丘と湧き出る数百もの湖。雨季にだけ現れる不思議な絶景です。「レンソイス」とはポルトガル語でシーツ。それほどまでに白く、南米の太陽を照り返すのです。水着に着替えて輝くエメラルドグリーンの湖に飛び込めば、気分は最高潮！ 日が落ちるまで泳いだ後、真っ赤な夕日に包まれる瞬間は、旅のハイライトになること間違いなし。世界的にも珍しい、見るだけじゃない「遊べる」絶景です。

TRIP PLAN

1日目 成田発、アメリカ都市乗継、サンパウロへ

日本からサンパウロまでは、およそ26時間。丸1日の長旅。

看板や建物が可愛くて、
歩いているだけで
気分が盛り上がる！

2日目 サンルイス観光

国内線に乗り継ぎ3時間半。サンルイスへ到着。サンルイスは、建物のほとんどがタイルで覆われた、ポップカラーな世界遺産の街！

3日目 朝から晩まで、遊べる絶景！レンソイス・マラニャンセス国立公園

白い砂の成分は、水晶の一種である石英。キラキラ輝く大砂丘に見とれてしまう。水着に着替えて泳いでみると、魚を発見！ 乾季には湖が干上がってしまうのに、魚たちがどこからくるのか、わかっていないんだとか…。

6月に訪れると、牛のお祭り「ブンバ・メウ・ボイ」に合わせて、街が旅で飾りつけられる

夕刻はサンセットを楽しんで！

BEST SEASON
5月〜9月

砂丘にエメラルドグリーンの湖が現れるのは雨季が終わった頃からの数ヵ月。乾季に入ると、徐々に水は減って湖はなくなってしまう

PRICE
2人で約64万円〜

数年前まで知名度が低かったレンソイスも、今ではツアー数も増加。複数日滞在できるものがおすすめ

ブラジル北東部

レンソイス・マラニャンセス国立公園
サンルイス
小レンソイス

6日目 アメリカ都市から、成田へ

早朝に乗り継げば、その日のうちに成田着。

5日目 サンパウロ観光のちサンパウロ発、乗継地アメリカ都市へ

サンパウロの街をぶらぶら。東洋人街（リベルダージ）に行けば、「外国風」の日本が味わえる。日本食レストランの看板やメニューは、なんだか新鮮！

ブラジルで盆栽と招き猫!? なんだか不思議な感じ！

4日目 違う表情をみせてくれる 小レンソイス

レンソイスの東側、ジャングルの中にポツリ。黄色の砂が波打つ、小レンソイスが現れます。濃い青のプレギサス川との相性はバッチリ！

レンソイスと似ているけれど、砂がちょっと黄色い

moso zekkei 30
聖ワシリー寺院 / ロシア

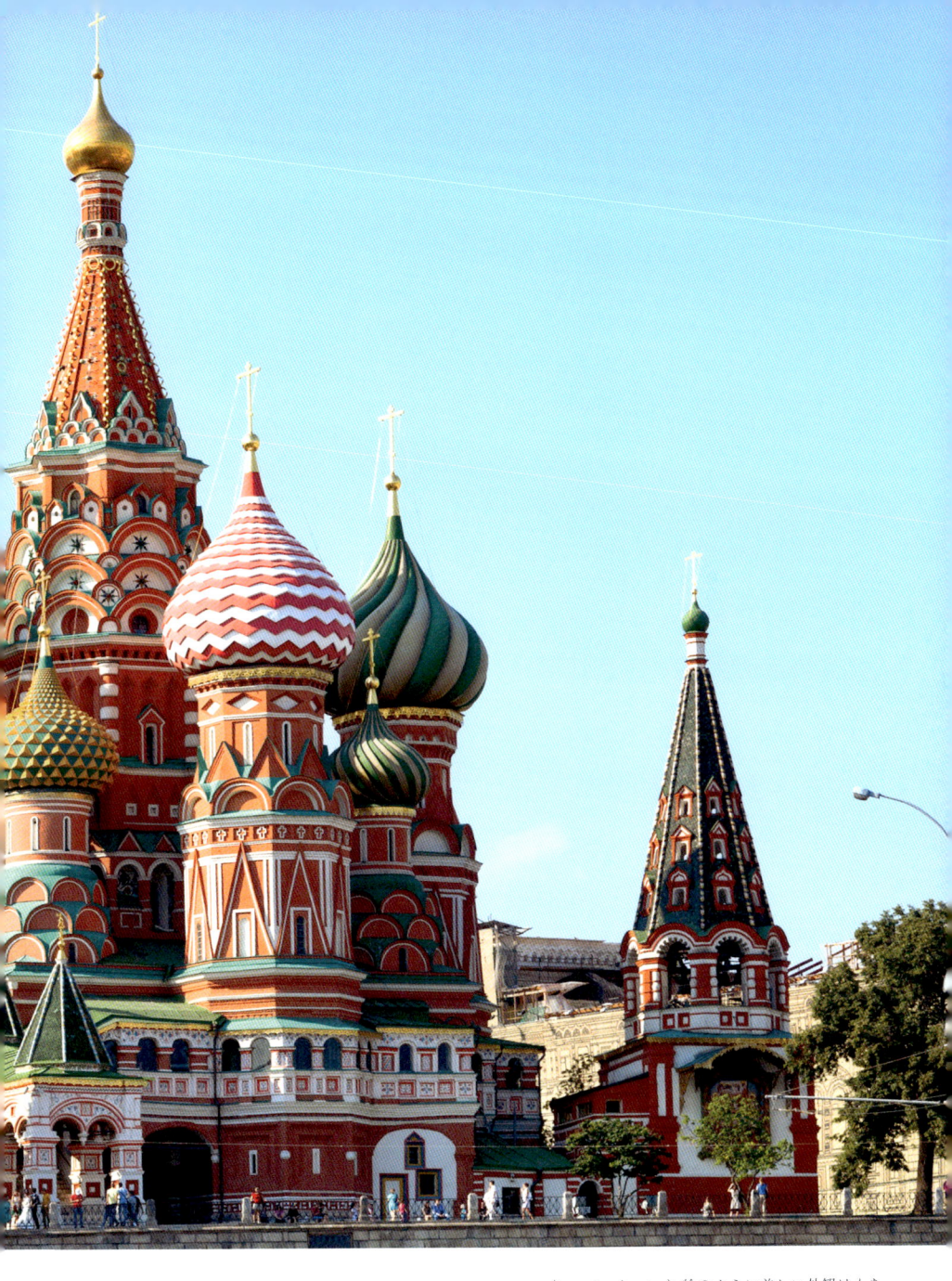

〈travelers' voice〉絵のように美しい外観はもちろん、高い天井の寺院の中も一見の価値あり／お菓子でできているみたい／チャペルで賛美歌を歌う聖歌隊の声は聖堂の中に響き渡って美しかった／夕日に照らされて、見るたびに色が変化していた。サンセットに合わせて行くのがおすすめ

moso zekkei 30
聖ワシリー寺院／ロシア

ROMANTIC LEVEL
♥♥♥♥♡

タマネギ頭のかわいい聖堂
一日中見ていても飽きない！

ここ、聖ワシリー寺院は世界で最も美しいデザインの建築物の中の一つ。モスクワのランドマークです。高さ47mという壮大なスケールでありながら、まるでおもちゃ箱の中から出てきそうな赤レンガの可愛らしい建築。そのギャップがたまらない。太陽の光を浴びて鮮やかに輝くお昼。ライトアップされ、暗闇の中に幻想的に浮かび上がる夜。ここがおもちゃの世界なら、こんなところに住んでみたい！ ロシア随一のかわいい聖堂は、ふたりに夢を見させてくれます。

TRIP PLAN

1日目　成田発、モスクワへ

日本からモスクワまでは、およそ10時間。

2日目　圧巻の聖ワシリー寺院

ひときわ目を惹く、街のシンボル。寺院をつくらせた王様はあまりの美しさに驚き、これ以上美しいものをつくれないよう、建築家の目をくり抜いたという伝説もあるほど…

／中は廊下にも、天井にも、フレスコ画がびっしり

3日目　赤の広場を、ぶらぶらお散歩

広場入口のプレートに立って、願いごとをしながら後ろにコインを投げると、叶う!?マネージュ広場から見た国立歴史博物館は、雪が積もっているかのようなキュートな白い屋根。モスクワは特徴のある建物がたくさん。

／積雪の？　国立歴史博物館

／手をつないで歩きたい赤の広場

BEST SEASON	PRICE
6月〜8月	**2人で約 27万円〜**
夏は降水量も1年のうちでは多い方だが、日本に比べると少ない。気温も25℃以上になることもあるが、涼しく比較的過ごしやすい	ワシリー寺院を含め、モスクワは見どころが狭い範囲に固まっているため、比較的安価で観光を楽しめる

6日目 成田着

5日目 モスクワ発、成田へ

お土産には、マトリョーシカグッズや、聖ワシリー寺院のオルゴールなど、色鮮やかな、かわいい雑貨を買って帰ろう。

/ かわいい看板、発見！\

/ 2階建てバスもワシリーラッピング \

4日目 世界遺産クレムリンへ

時代を紡ぐ宮殿、クレムリン。金色に輝くウスペンスキー大聖堂は精巧な美しさ。他にも豪華な聖堂や宮殿が山ほどあるモスクワは、一日中歩きまわっても足りないくらい！

/ ウスペンスキー大聖堂を見上げる！\

モスクワ

マネージュ広場
クレムリン
赤の広場
★聖ワシリー寺院

moso zekkei 31
プロヴァンスのラベンダー畑/フランス

〈travelers' voice〉ラベンダーの香りを嗅ぐたび、この景色を思い出す / 車を出た瞬間からラベンダーの香りがした / 路肩や花壇に咲く花と、標高の高い場所に咲く花で色が違うのがおもしろい

moso zekkei 32
愛のトンネル / ウクライナ

〈travelers' voice〉想像以上に長く、歩くたびに光が変わる / 現役で使っている線路だからツアーも少ない。だからこそ行きがいがある / 何かに吸い込まれるような不思議な雰囲気でした

moso zekkei 31
プロヴァンスのラベンダー畑 / フランス

ROMANTIC LEVEL
♥♥♥♥♡

ラベンダーに包まれて
心にじんわり広がる癒し

淡い紫のストライプは、南仏プロヴァンス地方の夏の風物詩。吹き抜ける風に乗って漂う、ラベンダーの心地のいい香りに心が洗われる。ナチュラル志向なふたりにぴったりな絶景です。町の小さなお土産屋さんにはラベンダーでできた香り高いオイルや石鹸、サシェが並んでいて、どれを買おうか迷ってしまいます。シーズン後半に行くと、ラベンダーの刈りとり風景に出逢えるかも。プロヴァンスを訪れるなら、少し足を伸ばして訪れたい場所です。

BEST SEASON
6月下旬〜8月中旬

PRICE
2人で約32万円〜

TRIP PLAN

1日目 成田発、ヨーロッパ都市乗継、マルセイユへ

日本からマルセイユまでは、およそ15時間。時間に余裕があれば、パリからマルセイユまでのローカル線に揺られて行くのもおすすめ。

2日目 癒しのラベンダー畑へ

フランスで最も美しい村の一つ、ゴルドへ。石造りのセナンク修道院を囲むようにして咲く一面のラベンダーがお目見え。香りも美しさも世界一！

落ち着いたゴルドの路地をふらり

3日目 気ままにプロヴァンス観光

プロヴァンスには、見どころいっぱいの町がたくさん。アヴィニョン、アルル、ポンデュガール…どこへ行こうか迷ってしまいそう。

力強いアヴィニョンの城壁

4日目 マルセイユ発、ヨーロッパ都市乗継、成田へ

機中泊

5日目 成田着

プロヴァンス地方
アヴィニョン
ポンデュガール
ゴルド（セナンク修道院）
アルル
地中海

moso zekkei 32
愛のトンネル / ウクライナ

ROMANTIC LEVEL
♥♥♥♥♥

木漏れ日が眩しい
森のバージンロード

「愛し合うふたりが手をつないで歩くと、願いごとがかなう」。そんな言い伝えがある、自然のトンネル。木漏れ日があふれるトンネルは、360度が緑に包まれ、ふたりを愛の世界へ誘います。緑の合間から見える列車のレールは、木材を工場に運搬する列車のために使われている現役のもの。警笛が聞こえたら線路の脇で一時待機。ふたりの願いを心で念じながら歩みを進める道は、さながら森のバージンロードです。

BEST SEASON
5月～8月

PRICE
2人で約 17万円～

ウクライナ

TRIP PLAN

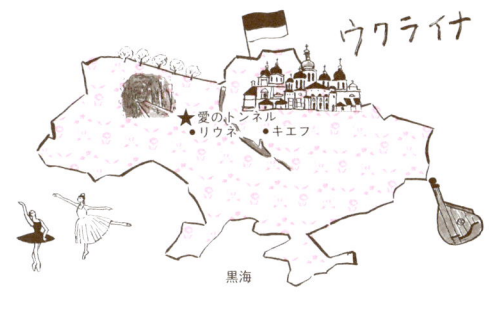

1日目 成田発、ロシア or ヨーロッパ都市乗継、キエフへ

日本からキエフまでは、およそ17時間。

2日目 キエフ観光

世界遺産の聖ミハイール大聖堂や、オペラを楽しんで。今日は350km離れたリヴネに移動。

\世界遺産 聖ミハイール大聖堂/

3日目 木漏れ日のさす、新緑のトンネルへ

リヴネからバスでクレヴァンへ。人がちらほら集まるそこが、トンネルの入り口。見える範囲、すべてが緑に覆い尽くされる不思議な場所。

\ローカルなバスが、かわいい/  \ここから先がクレヴァン/  \トンネルは虫が多いので、虫除けスプレーは必須!/

4日目 キエフ発、ロシア or ヨーロッパ都市乗継、成田へ

5日目 成田着

黒海

moso zekkei 33

羅平の菜の花畑 / 中国

〈travelers' voice〉春風が吹くと、金色の菜の花がさざ波のように揺れていた。壮大な春を存分に楽しめます / 少しルートを外れると誰もいなくて、絶景を独り占めできました

〈travelers' voice〉崖の上の展望台から眺めた無人のビーチはとても幻想的／あまりに透明な水に、悩みなんて忘れてしまう／驚くほど柔らかく白い砂だったのが忘れられない

moso zekkei 34
ナヴァイオビーチ / ギリシャ

moso zekkei 33
羅平の菜の花畑／中国

ROMANTIC LEVEL
♥♥♥♡♡

早春の中国で
花の海に溺れてしまいそう

四角く区切られた畑に、地形に沿ってうねうねと不思議な模様を描く畑。2,000km²という、東京都と同じくらいの面積に一面の菜の花が咲き誇る絶景がここにはあります。雲南省は羅平に広がる黄金の花の海です。あぜ道に目をやると、はちみつを売る少数民族のお姉さん、脇からのっそり顔をだす水牛に観光用の牛車…。どこかノスタルジックな雰囲気が漂う。背の高さほどある菜の花の間に立てば、甘い春の風がふたりの間を通り抜けていきます。

BEST SEASON
2月下旬〜3月上旬

PRICE
2人で約24万円〜

牛街・九龍滝
石林・★羅平の菜の花畑
　　金鶏峰

雲南省

TRIP PLAN

1日目 成田発、中国都市乗継、昆明へ
日本から昆明までは、およそ8時間半。中国は広い！

2日目 名所を回りながら菜の花畑へ
昆明からバスか列車で羅平へ。途中にある中国六大瀑布の一つ、九龍滝は見逃せない。世界遺産の石林も立ち寄りつつ、羅平へ。夕日に染まる菜の花を鑑賞。

迫力満点の九龍滝！

石林の、そびえ立つ岩を間近に見上げる

このあたりはお茶の産地としても有名

3日目 金鶏峰から見下ろす一面の菜の花畑
金鶏峰の高台から見下ろす、菜の花畑に大はしゃぎ！牛街でも菜の花を楽しんで。山の間を縫うように、黄色の絨毯は続きます。夜は昆明へ移動。

4日目 昆明発、中国都市乗継、成田へ
その日のうちに成田着。

moso zekkei 34
ナヴァイオビーチ／ギリシャ

ROMANTIC LEVEL
♥♥♥♡♡

マリンブルーをふたり占めできる地中海の特等席

断崖絶壁の裾に広がる恋人たちの隠れ家、ナヴァイオビーチ。奥まった入り江となっているため、同じ島にある港からフェリーでしか行くことができない特別感あふれる場所です。ナヴァイオとは難破船のこと。その名の通り、浜には打ち上げられた難破船がぽつん。潮風に吹かれ眠っている。島にはビーチを見下ろす展望台もあり、ここからの眺めもため息が漏れるほどの絶景。地中海のマリンブルーを近くに感じながら、映画のセットに入り込んだような気分を楽しんで。

BEST SEASON
5月〜10月

PRICE
2人で約70万円〜

TRIP PLAN

1日目 成田発、ヨーロッパ都市乗継、アテネへ
日本からアテネまでは、およそ16時間。

2日目 ザキントス島へ
アテネからキリーニ港へ行きのフェリーでザキントス島へ。潮風が心地いい！

3日目 ミルキーブルーの海 ナヴァイオビーチが待っている
船でしか行けないナヴァイオビーチへ。泳ぐのはもちろん、崖の上やボートの上から眺めても美しいパーフェクトなビーチ。

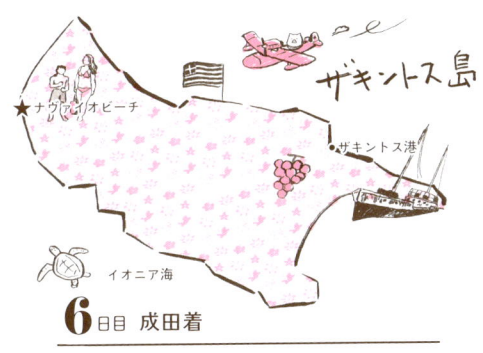

映画『紅の豚』に出てくる風景のモデルとの噂も…

ザキントス島
ナヴァイオビーチ
ザキントス港
イオニア海

6日目 成田着

5日目 アテネ発、ヨーロッパ都市乗継、成田へ
機中泊

4日目 ザキントス島発、アテネへ
乗継の時間に余裕があれば、アテネを1日観光するのもいい。

Only One Travel

あなたの妄想を叶える旅へ

一人ひとりの妄想を叶えてくれる「世界に一つだけの旅行」をテーマにした、南米専門の旅行会社、Only One Travel。
こっそり、あなたの妄想を話してみて。現地ガイドによるスペシャルなプランで、あなただけの特別な旅へ誘ってくれる。ここでは、そのほんの一部をご紹介。

by Only One Travel
http://onlyonetravel.jp/

A

世界に一つだけの結婚式を挙げたい！

▶ ウユニ塩湖 / ボリビア

「世界一の奇跡」と呼ばれた絶景で、ふたりだけの世界に一つのウェディングフォト撮影という夢のようなプラン。花のバージンロードなどたくさんのサプライズと感動で彩られる。

B

誰もいない絶景を「ふたりじめ」したい！

▶ マチュピチュ / ペルー

天空の要塞、マチュピチュには、ホテルがたった一軒だけある。そこに泊まれば、観光客の少ないロマンあふれる絶景をふたりじめできる。日の出が照らし出す神々しい景色を味わい尽くす。

C

好奇心をくすぐる、地球最後の楽園に行ってみたい！

▶ ガラパゴス諸島
　／エクアドル

世界自然遺産第一号のガラパゴス諸島を巡るクルーズに、日本人通訳ガイドが同行。無数にある島を最も効率的に、楽しく優雅に巡ることができる、ファーストクラスクルーズ。

D

大自然にとけ込んで、リラックスしたい！

▶ カリブ海
　／コスタリカ

大自然の観光先進国、コスタリカの素敵なロッジを厳選し、ロッジからロッジを巡る旅。手つかずの森や海にとけ込んでゆっくり過ごすと、今までにない、くつろぎのひとときに。

E

冒険旅行をもっとラグジュアリーにしたい！

▶ アマゾン川
　／ペルー

M/Vアリア号。快適さを追求したデザイン。こだわりぬかれた美しいインテリア。どこをとっても極上のプライベート空間で、ジャングルの大自然を心ゆくまで楽しむ。

F

圧倒的な自然のパワーを、肌で感じたい！

▶ ギアナ高地
　／ベネズエラ

世界最古の地殻の一つと言われるギアナ高地。スペシャリストガイド同行のもと、通常の観光コースを大きく逸脱し、エンジェルフォールでキャンプをしたり、その空気感を満喫する。

Ⓐ ウユニ塩湖 / ボリビア

MODEL PLAN	8日間
BEST SEASON	12月～4月
PRICE	2人で約80万円

日本を金曜日に出発し、翌週日曜日に帰国するまでの10日間でウユニ塩湖とマチュピチュを巡るハネムーン。ウユニ塩湖では、塩のホテル「ルナサラダ」に宿泊。フォトプランでは、ウユニ塩湖を熟知したガイドによる、ウェディング演出、写真撮影、サプライズ、そして秘密の絶景ポイントへ。一生に一回、人生最高のご褒美をしあわせなおふたりに。

Ⓑ マチュピチュ / ペルー

MODEL PLAN	6日間
BEST SEASON	5月～8月
PRICE	2人で約50万円

マチュピチュ遺跡の入り口、聖域とリゾートが交錯するホテル「サンクチュアリロッジ」に宿泊する旅。閉園間近、他の観光客がバスで麓の町に帰った後に見られるのは、夕日に照らされ月明かりに揺らめく遺跡。早朝、霧が晴れゆき日の出に輝く荘厳な巨石都市。その景色を「ふたりじめ」できるのは、このロッジに宿泊した、ふたりだけ。

Ⓒ ガラパゴス諸島 / エクアドル

MODEL PLAN	6日間
BEST SEASON	12月～4月
PRICE	2人で約50万円

プライベート日本語通訳ガイドとファーストクラスのカタマランに乗り、太平洋の大海原をクルージング。プライベートバルコニーからはグンカンドリが青空を優雅に舞い、イルカやクジラに遭遇することも。終日のアクティビティの後はサンデッキにあるジャグジーから太平洋の大海原に沈む夕日を見ながらワインで乾杯。世界最高峰の秘境の地で最高のサービスを。

Ⓓ カリブ海 / コスタリカ

MODEL PLAN	8日間
BEST SEASON	12月〜4月
PRICE	2人で約50万円

ナショナルジオグラフィック誌のワールド・ベスト・エコロッジにも選ばれた「パクアレ・ロッジ」。カリブ海を独り占めできる「マワンバ・ロッジ」。トロピカルな植物の中を流れる天然温泉「タバコン・グランドスパ・サーマルリゾート」。幻想的な熱帯雲霧林に佇む「ベルマールロッジ」など、個性豊かなエコロッジを巡る新しい旅のスタイル。

Ⓔ アマゾン川 / ペルー

MODEL PLAN	6日間
BEST SEASON	5月〜10月
PRICE	2人で約60万円

ペルー側のアマゾン流域の港町、イキトスを拠点とする、アマゾン川を旅するという目的のみでつくられた極上のクルーザーに乗ってリバークルーズ。朝焼けの空を極彩色のコンゴウインコやトゥーカンが飛び交い、木の上ではリスザルやホエザルたちが餌を求めて気ままに移動し、川面からはピンク色のカワイルカが顔をのぞかせる。

Ⓕ ギアナ高地 / ベネズエラ

MODEL PLAN	6日間
BEST SEASON	6月〜11月
PRICE	2人で約45万円

スペシャリストガイド同行のもと、世界最古の地殻と言われるギアナ高地へ。近年では映画「アバター」や「カールじいさんの空飛ぶ家」の舞台となった。カナイマ国立公園を巡り、通常の観光コースを大きく逸脱。世界最大の落差を誇る滝、エンジェルフォールのすぐ下でハンモック泊というライトなアドベンチャープラン。他では経験することのできない旅。

※ 紹介したツアーは、すべて現地ツアーです

moso zekkei 35

バガン / ミャンマー

〈travelers' voice〉小高い場所にある遺跡に登って、振り返ってみると、それはそれはため息が出るような絶景が広がっていました／ミャンマーに来たかった理由は、バガンでの夕日を見たかったから／今まで見た朝日、夕日の中で一番の美しさだったかもしれません

moso zekkei 35
バガン／ミャンマー

ROMANTIC LEVEL
♥♥♥♥♡

セピア色に輝く歴史に
心が揺さぶられる

ミャンマーの荒野に立ち並ぶバガンの遺跡群。世界三大仏教遺跡の一つです。大小2,000以上のパゴダ（仏塔）がずらり。古いものでは11世紀の昔につくられ、以来ずっとミャンマーを見守り続けています。今なお輝き続ける仏像や色褪せない壁画が眠るパゴダを中からじっくりと堪能し、楼上へ。そして向こうに見えるのは日没のバガン。すべてが太陽の光に染められたとき、それはもう神秘的な世界がふたりを包んでいきます。歴史がつくった絶景に、言葉を失ってしまいます。

エーヤワディー川
タビニュ寺院●
バガン

TRIP PLAN

1日目　成田発、ヤンゴンへ

日本からヤンゴンまでは、およそ7時間。直行便は1日1便のみ。

2日目　幻想的！夕日とバガンの遺跡群

ヤンゴンからニャウンウーを経由して、バガンへ。霧がかった森にパゴダが浮かび上がる様はなんとも幻想的。

＼サンセットの時間まで、ニャウンウーマーケットでお買い物／

＼世界最大級、最高の仏教遺跡群／

3日目　間近で見る遺跡に大興奮！

朝日が昇るバガンを見た後は、黄金のシュエジーゴンパゴダや、バガン随一の高さを誇るタビニュ寺院など、遺跡巡り。ここだけ時が止まったような感覚に。

＼目立ち度No.1のシュエジーゴンパゴダ／

BEST SEASON	PRICE
11月〜2月	**2人で約32万円〜**
乾季の中でも気温が下がって、晴天が多い季節がおすすめ。気温が40℃に達する日がある3月と4月は控えた方が無難	ヤンゴンとセットになったツアーが一般的。滞在時間や日数が様々なので、サンセットに合わせて訪れるかどうかなどをチェックして

● シュエジーゴンパゴダ

5日目 成田着

⇑

4日目 ヤンゴン発、成田へ

広大な砂の大地と、どこまでも続くエーヤワディー川。また訪れたくなる景色がある。

／対岸が見えないほど大きな川、エーヤワディー川

ヤンゴンをぶらぶら

活気あふれるアジアの街、ヤンゴン。交通量も多く、人も多い。ここに生きる人々の生活を間近に感じられる。

／街の真ん中にもパゴダ。スーレーパゴダ。

／厳かに佇むタビニュ寺院

／ミャンマー料理をたらふく食べて満腹！

moso zekkei 36
ポルト／ポルトガル

〈travelers' voice〉街は朝、昼、夜と表情が変わり、いつ見ても魅入ってしまいます／青い空が水面に映る、それは絵葉書のような景色／夜のポルト。素朴な光でした／夕闇が迫ってきていたので、すべてが素敵に見えた／ポルトガルを旅した中で、いちばん綺麗な街だった

moso zekkei 36
ポルト／ポルトガル

ROMANTIC LEVEL
♥♥♥♥♥

ポートワインを嗜(たしな)みながら 世界一の夜景に酔いしれて

ユーラシア大陸の西の果てで見る、世界一の夜景。湾岸都市ポルトが、旅の舞台です。夕暮れ時、街を流れるドウロ川を南岸へ渡り高台の展望台へ。行き交う車に鉄橋を走るトラム。紫がかった空と、それを映す川の水面。訪れた人だけが見ることのできる、大人カップルのための絶景です。すっかり日が暮れた後は、川沿いに軒を連ねるオープンエアーのレストランへ。夜風にあたりながらポルトガル料理に舌鼓。今夜はふたり、ポートワインで乾杯です。

TRIP PLAN

1日目 成田発、ヨーロッパ都市乗継、リスボンへ

日本からリスボンまでは、およそ15時間。ポルトまでは、列車で3時間程度。

2日目 華やかに明かりが灯る、旧市街の歴史ある街並み

ポルトに着いたら、現地のナイトツアーに参加。華やかな夜景を心ゆくまで楽しんで。街のシンボル、ドンルイス1世橋を照らす明かりにうっとり。

ドウロ川
ポルト

本日のベストショット

ドンルイス1世橋は絶好の夜景スポット

BEST SEASON
6月〜9月

一年中、比較的温暖で過ごしやすい地域。中でも乾季は乾燥して朝晩は涼しく、観光にはもってこい

PRICE
2人で約40万円〜

ポルト単独のツアーはなく、リスボンがメインの周遊ツアーが多い。現地のナイトツアーもあるのでプランに応じてチョイスして

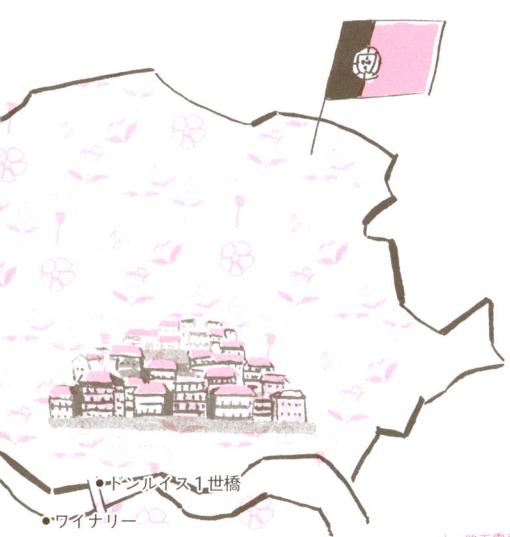

5日目 成田着

4日目 リスボン発、ヨーロッパ都市乗継、成田へ

夜便で帰ると、飛行機からはリスボンの夜景も楽しめる。

\ おしゃれな歩道のリスボンの街 /

\ 路面電車に乗るのも楽しい /   \ どのお店に入っても興味津々！ /

3日目 絵になる街並みをてくてく散歩

ポートワインの有名ワイナリーを訪れたり、リスボン名物のケーブルカーに乗るもよし、サン・ジョルジェ城の公園から街を眺めるもよし。

・ドン・ルイス１世橋
・ワイナリー

\ 本場のポートワインをぜひ /   \ 豪華絢爛サンフランシスコ教会 /

moso zekkei 37
シャウエン／モロッコ

〈travelers' voice〉今まで見てきた街並みの中でも群を抜いて美しいです／お土産物屋さんもたくさんあり、見るだけでも楽しい／どこへ行っても可愛らしい色で染められた家々が続きます

〈travelers' voice〉白亜の建物には青い海と空が映え、まさにリゾート気分／南国の太陽に照らされた白亜の壁が輝き、日本離れした風景をつくり出している／記念日に行くといちばんしあわせな場所

moso zekkei 38
サントリーニ島／ギリシャ

moso zekkei 37
シャウエン／モロッコ

ROMANTIC LEVEL
♥♥♥♥♡

この扉の向こうには
どんな景色が待っているのだろう

ふたりが迷い込んだのは、目の覚めるような青の迷宮。家のドアも、壁も、道も、植木鉢でさえも青く塗られた街はとても現実の世界とは思えないけれど、確かにここには、人々の生活があります。青になった理由は虫除けのためだとか、ユダヤ教の影響だとか諸説あるようですが、本当のところは誰もわからない。そんなところも魅力の一つなのでしょう。空に浮かぶ雲を追いかけ、気の向くままにお散歩。ただただ歩いているだけなのに、こんなにも気持ちが高まるのはなぜ？

BEST SEASON
4月〜6月、9月〜11月

PRICE
2人で約 **30**万円〜

TRIP PLAN

1日目　成田発、中東 or ヨーロッパ都市乗継、カサブランカへ

日本からカサブランカまでは、およそ18時間。

2日目　カサブランカからタンジェへ

寄り道しながら、この日も移動の1日。

カサブランカの名所 ハッサン2世モスク

3日目　とけ込みたくなる青の街シャウエン

タンジェから迷宮都市シャウエンへ。迷わないように、ふたりで助け合って歩いて。

展望台からは、シャウエンが一望できる

4日目　シャウエンを歩くなら、朝！

シャウエンの朝は遅い。誰もいない街は、より青が引き立って、なんてことのない街並みすら見とれてしまう。

5日目　カサブランカ発、中東 or ヨーロッパ都市乗継、成田へ

6日目　成田着

moso zekkei 38
サントリーニ島／ギリシャ

ROMANTIC LEVEL
♥♥♥♥♥

ギリシャ人がギリシャで
最もロマンチックな島と認めた場所

今日はいつもより、ちょっとだけヨソイキの服を着て歩きたい。そんな気分にさせるのは、ここが最高にロマンチックな場所だから。街の上から見えるのは、斜面に沿って真っ白に統一された家々。その向こうに見えるエーゲ海に沈む真っ赤な夕日を、日が落ちるまでふたりで眺める…。しあわせになれないわけがありません。時折遠くで聞こえる鐘の音は、世界中から結婚式を挙げにくるカップルが後を絶たないことの証。エーゲ海に浮かぶ楽園の島で、極上の休日を。

BEST SEASON
6月〜9月

PRICE
2人で約60万円〜

TRIP PLAN

1日目 成田発、中東 or ヨーロッパ都市乗継、アテネへ

日本からアテネまでは、およそ15時間。

2日目 サントリーニ島着

外せないのが島の西にある小さな街、イアから眺める夕焼け。白い家を夕日が照らす絶景はふたりだけのもの。

ここが夕日鑑賞のベストポジション

3日目 ワイン博物館〜フィラの街歩き

入場料7ユーロ。さまざまな展示の他に、特産のぶどうを使ったワインの試飲もできるのが嬉しい。

珍しいロバタクシーに乗るのもいいね

6日目 成田着

5日目 アテネ発、中東 or ヨーロッパ都市乗継、成田へ

4日目 エーゲ海日帰りミニクルーズ

日程がなくても日帰りのクルーズなら大丈夫。一日かけてエーゲ海の島々をめぐることができる。ロマンチックな船旅は、さながら映画のワンシーン！

タイタニックごっこもアリ!?

moso zekkei 39
弘前公園の花筏 / 日本

〈travelers' voice〉散り始めが一番の見頃。お花に興味がなくても絶対に感動できる／濃いピンク色、ボリューム、弘前公園の桜は別格／日本に生まれて弘前の桜をまだ見てないなんて、もったいない！／こんなにたくさんの桜を見たことはありませんでした

moso zekkei 39
弘前公園の花筏／日本

ROMANTIC LEVEL
♥♥♥♥♡

舞い散る花びら 流れる花びら
一面の桜がふたりを出迎える

桜は散り際が一番美しい…誰が言い始めたかは定かではありませんが、それを証明する絶景が日本にあります。2,600本の桜が咲き誇る弘前公園。桜が満開を迎えた頃、弘前城のお堀に散る桜が水面をピンク色に染め上げるのです。風が吹くたびに舞い散る花びら。その光景は、今までに見たどの桜とも違う絶景です。夜のライトアップでは水面に漂う桜がゆらゆらと、昼にも増して美しく浮かび上がります。まだ少し肌寒い東北の春。ふたりそぞろ歩きながら味わいたい絶景です。

BEST SEASON
4月下旬～5月上旬

PRICE
2人で約7万円～

TRIP PLAN

1日目 東京発、弘前へ

東京から新幹線でおよそ4時間。成田から青森への便でいけば、バスに乗り継いでおよそ2時間弱。

弘前城と、貸しボートから桜を見る

弘前城の西堀では貸しボートも！ 川から桜を眺めながら、喧騒から離れて、ふたりだけの時間を。

弘前城は2014年に石垣の工事が始まり、お城と桜のコラボレーションは10年間お預けだとか…

趣きのある夜桜

待ってました！ この夜桜を見ずして帰れない。陰影に富んだ桜は、いろいろな表情を魅せてくれる。

2日目 弘前の洋館めぐり

国内でキリスト教の布教が早かった弘前には、明治・大正時代に建てられた洋館がたくさん。フランス料理の街とも言われる弘前でのおしゃれランチはいかが？

明治37年に建てられた青森銀行は記念館として残されている

弘前発、東京へ

絶景プロポーズ
4: 弘前公園の花筏

　「お花見行きたいね」「そうだね」。私たちは毎年そう言いながら、もう7年が経っていた。お酒を飲んで職場の人と騒いだり、女友達とバーベキューしたいわけじゃない。彼と桜が見たい。
　私たちがつき合ったのは7年前、ふたりで花見に行った二十歳の時。あの時みたいに、静かにふたりで腰をおろして話がしたい。ただそれだけ。
　彼は大阪、私は神奈川で働いている。遠距離になって4年。会えない日々にも慣れてしまった。たまに連絡をとるぐらい。もうすぐ春がやってくる。どうせまた、同じ会話をするのだろう。「お花見行きたいね」って。
　ある金曜の夜、職場の人たちと飲んでいた。ほろ酔いになってきた頃、先輩に「最近彼氏とどうなの？」と聞かれ、「たまに連絡とって、半年に1回会うぐらいですよ」と言った側から携帯が鳴った。彼からメール。「お花見行きたいね」と。いつもは私から言っていたセリフ…。先輩「どうしたの？」私「いいえ、なにも…」。
　酔った先輩が、「2人で抜けちゃおうよ」と言う。なんとなく先輩に好意を持たれていたのには気づいていた。乗り換えってのもアリなのかな。頼りがいがある人だし、毎日会えるし…。と思っていたら、先輩に肩を抱かれ店から出ていた。あれ、このまま行っちゃっていいのかな。足下にひらりと、小さくて白い何かが落ちた。「あ、桜」「酔ってるの？　これゴミだよ」。先輩が笑いながら言う。「お花見、行きたい」「今年も皆で行こうよ」私は先輩の腕をそっと降ろし、「違うんです。…ごめんなさい」と言って逃げた。先輩が私を呼ぶ声に振り返らず、駅まで走る。靴擦れが痛くて泣けてきた。「なに泣いてるの」と声がして前を見ると、駅前に彼がいた。「なんでいるの」「花見行こうと思って」。急すぎて戸惑ったが、彼に言われるがまま車に乗った。
　深夜2時。隣に彼がいるという実感が湧いてきた。ちょっとしわ増えたかな、なんて思って見ていたら、「しわ増えた？」と聞かれ、「えっ」と驚く。彼は「嘘だよ」と笑うが、私は同じことを考えていたことに驚いていた。
　いつの間にか眠っていて、目が覚めると時計は11時。車の外を見ると、全然知らない場所。「どこ？」「青森」「えっ!?」。しばらく車を走らせると、桜でいっぱいの道に出た。「綺麗…！」「もっとすごい場所があるから」。駐車場に車を停め、桜が舞う道を彼についていくと、ピンクで埋め尽くされた景色が現れた。「わぁ…」。言葉にできなかった。「頭に花びらついてる」。彼は私の頭にそっと触れ、手のひらを私の前に広げて見せた。指輪があった。「嘘」「つき合った時みたいに、ゆっくり桜を見たいって思ってた。その時が来たら言おうって決めてたんだ。結婚しよう」。嬉しくて涙があふれた。私は笑って、「はい」と答えた。一面桜の花筏を見て、手をつないだ。

moso zekkei 40
北極

〈travelers' voice〉様々な北極の動物の活き活きとした生態も目にすることができる／尖った岩山の山頂がギザギザと並び、その山と山の間に巨大な氷河が流れ込む。ダイナミックな風景が広がっている／あまりに自然が雄大すぎて、サイズ感覚がなくなっておもしろい

moso zekkei 40
北極

ROMANTIC LEVEL
♥♥♥♥♥

スケール最大級
人生のご褒美をプレゼント

地球を全身で感じたい！ 旅が大好きなふたりには、人生最大のご褒美に北極クルーズを。人類の歴史の中で、未だほんの一握りの人間しか出逢っていない絶景がここにはあります。雪と氷が織りなすダイナミックなアートは、この世のものとは思えない究極の絶景。厚さ3,000mとも言われる氷をかき分け砕氷船を極限まで近づける。船を降り、一歩、また一歩と踏みしめる。そして到達する北極点。その瞬間、ふたりの人生は次のステージへとつながっていくのです。

バレンツ海
ムルマンスク
ロシア

TRIP PLAN

1日目 成田発、ヘルシンキへ
日本からヘルシンキまでは、およそ10時間半。まだまだ旅は始まったばかり。

2日目 いざ氷の国へ
ヘルシンキからロシアのムルマンスクへ。砕氷船に乗っていよいよ出航！

ここはフィンランド。ヘルシンキの港

3〜6日目 船内で、思い思いの時間を過ごす北極の旅
船内から、どこまでも続く水平線を眺める。船の中にはバーあり、プールあり。優雅なリゾートクルーズ。

船の外はゴツゴツとした流氷かたくさん

7日目 北極点へ上陸！
シャンパンで乾杯！ 到着を祝う贅沢な食事を楽しんで。氷上に降りて、記念撮影。チャレンジャーな人は、北極海に飛び込むアクティビティもあるとか！ 一生の思い出になること間違いなし。

BEST SEASON	PRICE
7月〜9月	**2人で約460万円〜**
ベストシーズンは夏。7月と8月は太陽が一日中沈まない白夜の季節。9月は運がよければオーロラに出逢えるかも	かなり壮大な旅なので、かかるお値段もそれなり。意外とツアーの種類も多いので、船の種類や日数など、好みに応じたものを選んで

14日目　成田着　／大冒険から無事に帰還／

⬆

13日目　ヘルシンキ発、成田へ

⬆

11〜12日目　まだまだ続く氷の世界

ツアーも残りわずか…。同じツアーのお客さんとも仲良くなってきた頃なのに、寂しい！

／見たことのない景色の連続／

⬆

9〜10日目　未踏の地、フランツ・ヨーゼフ・ランド＆北極海

今なお、ほとんど手つかずの地球の姿を前に圧倒される。白イルカや北極キツネなど、いろんな動物に会える。

⬆

8日目　南方へ航行

北極点から南へ。フランツ・ヨーゼフ・ランドはもうすぐそこ。

グリーンランド
●北極点
●フランツ・ヨーゼフ・ランド

／ついについに念願の場所へ！／

moso zekkei 41

ナミブ砂漠 / ナミビア

〈travelers' voice〉砂丘が太陽に照らされ表情を変える様子が美しい。過酷な気象条件に順応して生きる動植物が想像以上に多く、実際に観察できたことが感動／丘を越え、カーブを曲がるたびに変化する風景が印象的／夜は流れ星がたくさん見れる

moso zekkei 41
ナミブ砂漠／ナミビア

ROMANTIC LEVEL
♥♥♥♥♡

8000万年の時を超えて
愛するふたりはやってきた

訪れる人の想像をはるかに超える、世界で最も古くて最も美しい砂漠。鉄分を含んだアプリコット色に輝く砂は刻一刻とその模様を変え、私たちを飽きさせません。ナミブとは現地サン族の言葉で「何もない」という意味。その何もない場所に、今確かに存在しているふたりは、きっと深い絆で結ばれることでしょう。見上げれば、視界を遮るものさえ何もない。南北1,300kmの砂漠は朝、昼、夕、夜、どこを切り取っても美しく、不思議と心を穏やかにさせてくれます。

●ヒンバ族の村

ナミブ砂漠

ナミブ・ナウクルフト国立公園

デューン45●

ソサスフレイ●
セスリウムキャニオン●

TRIP PLAN

1日目　成田発、中東orアジア都市乗継、ヨハネスブルグへ

日本からヨハネスブルグまでは、およそ19時間。

2日目　ナミブ砂漠の　ロッジでお泊まり

ヨハネスブルグからウィントフックまではバスで2時間。明日の日の出を楽しみに、砂漠の真ん中、ナミブ・ナウクルフト国立公園内のロッジで宿泊。

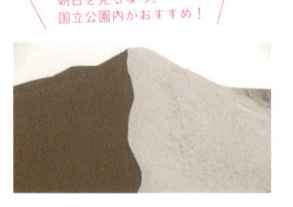

＼朝日を見るなら、国立公園内がおすすめ！／

3日目　太陽と砂漠…ただそれだけなのに、涙が出るほど美しい

早起きしてデューン45の大砂丘で日の出を鑑賞！その後はソッサスフレイの大砂丘へ。夕日に照らされる緩やかな曲線のシルエットは見事。

＼デューンとは砂丘。砂丘に番号がふられている／

＼ここがデューン45／

BEST SEASON	PRICE
4月～6月	2人で約55万円～
年間300日以上が晴天というナミビア。海岸沿いは乾燥が激しく、1日の気温差が激しいので、日焼け対策と冷え対策を	ツアーは、砂漠に数時間滞在するものから、1泊～2泊、砂漠でキャンプやロッジ宿泊するものまでさまざま

ウイントフック

ナミビア

6日目 成田着

5日目 ヨハネスブルグ発、中東orアジア都市乗継、成田へ

バスと飛行機を乗り継ぎ、ヨハネスブルグ着。飛行機を乗り継ぎ成田へ。

ヒンバ族とご対面！

赤い泥を全身に塗ったナミビアの民族。泥は日焼けや虫よけ、乾燥などから肌を守る働きがあるのだそう。

4日目 月の谷をぐるり

ナミブ砂漠にほど近い、南回帰線が通る渓谷。長い年月をかけてつくられた地層がよくわかる。

世界三大珍植物の一つ
ウェルウィッチアも見られる

moso zekkei 42
マウナケア / アメリカ

〈travelers' voice〉日本では見られない南十字星がしっかり見えた／夜空も山頂の景色も雲海もサンセットも、すべて綺麗！／今まで「綺麗な景色」「来てよかった」と思う場所はたくさんあったが、ここまで心揺さぶられた景色はなかった／宇宙にはこんなにも星があったのか！と驚き

moso zekkei 42
マウナケア／アメリカ

ROMANTIC LEVEL
♥♥♥♥♥

「生きていてよかった」
心からそう思えた場所

ハワイ語で「白い山」を意味するマウナケア。荒涼とした大地をひたすら車で登った先は、標高 4,205 m の雲の上。澄み渡る空気は、空の色を完璧に届けてくれます。足元よりもずっと低いところに沈む真っ赤な太陽。一瞬ふっと青みがかったかと思うと、どんどん深い群青色になり、最後には漆黒の空がマウナケアを飲み込んでしまうのです。そして現れるのは満点の星。自然と空に手が伸びます。すくえそうな星の間からきらめく流れ星を、ふたりで探しにいきたい場所です。

コーヒー農園
ホナウナウ歴史国立公園

TRIP PLAN

1日目 成田発、オアフ島乗継、ハワイ島へ

日本からおよそ9時間。オアフ島からハワイ島までの直行便は、頻繁に飛んでいるので、半日ほどオアフ島でショッピングを楽しむのもあり。

2日目 ハワイの魅力、再発見！ キラウエア火山

これを見ずしてハワイ島は語れない！ 今なお吹き出す溶岩は迫力満点。その後はヒロの町のファーマーズマーケットで気の向くままに、お買い物。

＼ここで道はストップ／

＼キラウエア火山の溶岩が固まり道がふさがれた／

3日目 極上マウナケア、星空観測ツアー

4WDで山道を進むと、眼下に広がるのは美しすぎる夕焼け！ 夜はお楽しみの天体観測。見たこともないたくさんの星を見て、思わず涙。

＼マウナケアの天文台。大きい！／

BEST SEASON
6月〜9月

常夏のハワイだが、夏は比較的気温が安定している。新月の日ならなおさら星空が美しく見える。台風シーズンは外して訪れたい

PRICE
2人で約30万円〜

一般的にハワイといえばオアフ島だが、マイナーながらも、ハワイ島のみのツアーも少なからずある

・ヒロ
★マウナケア
・キラウエア火山

ハワイ島

6日目 成田着

5日目 ハワイ島発、オアフ島乗継、成田へ

出発までホテルやビーチでまったり。帰りたくなくなっちゃうかも!?

4日目 ホナウナウ国立歴史公園&コーヒー農園

ヒーリングスポットとしても有名な王族ゆかりの聖地である国立公園内のビーチで、リラックスタイム。コーヒー農園では試飲やツアーも。

→ コーヒー豆

ホナウナウにある神話のシンボル、ティキ像

マウナケアは、サンライズもおすすめ

朝日を見るツアーもある

人気のコナコーヒーをご賞味あれ

農園で見せてもらえるコーヒーの実!

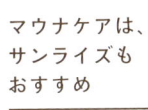

moso zekkei 43
ケーブルビーチ / オーストラリア

〈travelers' voice〉この海の開放感は、他にない雰囲気。あまり人がいないから落ち着ける／とろけるような夕日とラクダのコンビネーションがたまらない／このままラクダに乗ってどこまでも行ってしまいたいぐらいだった／海水は、目を凝らさずとも泳いでいる魚が見られるほど澄んでいた

moso zekkei 43
ケーブルビーチ／オーストラリア

ROMANTIC LEVEL
♥♥♥♥♥

インド洋の夕日に照らされ
砂浜のキャメルデート

黄昏時のケーブルビーチ。マリンスポーツを堪能した後に彼が用意してくれるのは、ブルーム名物キャメルライド。思いもよらないサプライズに弾む心。まつげがキュートなラクダの背中にふたり跨れば、のんびりゆったりインド洋に沈む夕日を眺める、ただそれだけの至福のひととき。この後は、満月の夜にだけ見ることのできる「月への階段」が待っています。オーストラリアで過ごすバケーション。ロマンチックな夜は静かに更けていきます。

★ブルーム
ケーブルビーチ

TRIP PLAN

1日目 成田発、シドニーへ

日本からおよそ20時間。2回乗り継いだ方が早くなることも。ピッタリの行き方を選んで。

2日目 シドニー観光

ミセス・マッコリーズ・ポイントからは、オペラハウスとハーバーブリッジを一望できる。

／シドニーといえば、この景色＼

3日目 ケーブルビーチでキャメルライド

夕刻になればキャメルライドが絶対おすすめ！ふたりでラクダに乗り、ふわりふわりとインド洋に沈むサンセットを眺めます。時間が経つごとに空の色が変わる様子は、なんともロマンチック。

／列をなすラクダの群れ＼

BEST SEASON
6月～10月
カラッとした晴天が続く乾季がおすすめ。また「月への階段」が見られるのは3月～10月の満月の夜限定

PRICE
2人で約40万円～
ケーブルビーチのあるブルームへのツアーはないので、個人旅行となる。キャメルライドは、現地で申し込める

オーストラリア

6日目 成田着

5日目 ブルーム発、シドニー乗継、成田へ

4日目 ブルーム観光 〈世界で一番古い屋外映画館、サン・ピクチャーズ〉

チャイナタウンや真珠博物館、ビール醸造所など、見どころいっぱい！1億2千万年前の恐竜の足跡が今も残るスポットも。

〈こんなにはっきりと見える恐竜の足跡！〉

3月～10月に訪れるなら絶対見たい！満月の夜にだけ現れる「月への階段」

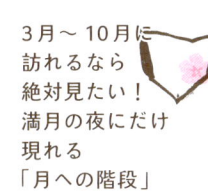

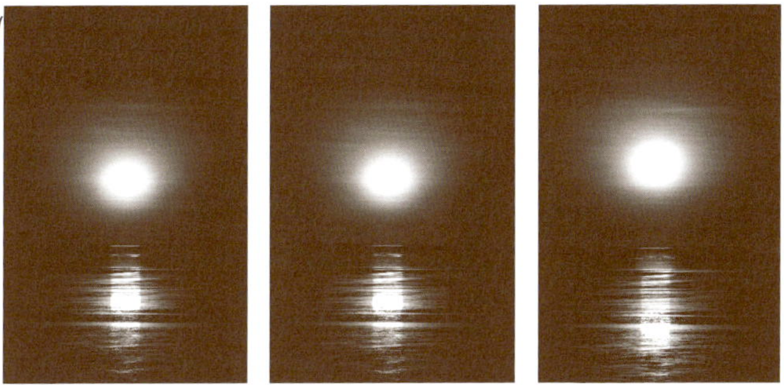

〈水平線に浮かぶ満月の光が、波立つ海に映り込み、階段のように見える現象。ゆらゆら揺れるこの階段をのぼっていけば、ウサギに会うのも夢じゃないかも？〉

Special Thanks

写真提供

【写真ページ】p20-21 ウユニ塩湖：Only One Travel, p24-25 ヴァルドルチャ：Mario Savoia/Shutterstock.com, p28-29 テカポ湖：©iStockphoto.com/C0rey, p32-33 サルベーションマウンテン：西尾涼子, p36 ブラーノ島：©kite_rin/Dollar Photo Club, p37 ブリュッセルの花の絨毯：©makseek/Dollar Photo Club, p40-41 ヒドゥンビーチ：Miguel Naranjo（www.pximages.com）, p44-45 キャメロンハイランド：szefei/Shutterstock.com, p48 テキサスヒルカントリー：©iStockphoto.com/dszc, p49 シーギリヤロック：©iStockphoto.com/mtcurado, p52 バタームイア湖：JuliusKielaitis/Shutterstock.com, p53 蔵王の樹氷：©norikazu/Dollar Photo Club, p 56-57 アンダルシアのひまわり畑：©iStockphoto.com/haydenbird, p60-61 ピンクサンドビーチ：Gabriele Maltinti/Shutterstock.com, p64-65 サンタクロース村：© SHASHIN KOUBOU/SEBUN PHOTO /amanaimages, p68-69 ブレッド島：Dudarev Mikhail/Shutterstock.com, p72-73 アグダのアンブレラスカイプロジェクト：Diana Tavares Rodrigues , p76-77 バイカル湖：©Dmitriy Sharov/Dollar Photo Club, p80 タバルア島：©Maksim Samasiuk/Dollar Photo Club, p81 ハートリーフ：©iStockphoto.com/hypergurl, p84-85 コルマール：Bildagentur Zoonar GmbH/Shutterstock.com, p88-89 ミラクルガーデン：Dubai Miracle Garden, p96-97 トロルの舌：©Alex Koch/Dollar Photo Club, p100 サマルカンド：Dudarev Mikhail/Shutterstock.com, p101 カッパドキア：©iStockphoto.com/aprott, p104-105 ホワイトヘブンビーチ：©tanyapuntti/Dollar Photo Club, p108-109 ドブロブニク：©Aleksandrs Kosarevs/Dollar Photo Club, p112-113 アルバラシン：©iStockphoto.com/JackF, p116-117 レンソイス・マラニャンセス国立公園：小泉翔 , p120-121 聖ワシリー寺院：vvoe/Shutterstock.com, p124 プロヴァンスのラベンダー畑：©iStockphoto.com/nikitje, p125 愛のトンネル：©iStockphoto.com/Olgertas, p128 羅平の菜の花畑：©iStockphoto.com/YuenWu, p129 ナヴァイオビーチ：©iStockphoto.com/whitewizzard, p136-137 バガン：©platongkoh55/Dollar Photo Club, p140-141 ポルト：Shchipkova Elena/Shutterstock.com, p144 シャウエン：©iStockphoto.com/graffio77, p145 サントリーニ島：©iStockphoto.com/olliemtdog, p148-149 弘前公園の花筏：弘前公園総合情報サイト http://www.hirosakipark.jp/, p152-153 北極：©iStockphoto.com/nailzchap, p156-157 ナミブ砂漠：Pete Niesen/Shutterstock.com, p160-161 マウナケア：nao /PIXTA, p164-165 ケーブルビーチ：Gordon Anderson
（目次写真 上に同じ）

【ガイドページ】p22 列車の墓場：©Mark Robert Smith/Dollar Photo Club, p51 仏歯寺：©PatrickMi/Dollar Photo Club, p154-155 ヘルシンキの港：©iStockphoto.com/Videowok_art, 砕氷船：©iStockphoto.com/SeppFriedhuber. 氷河：©Vladimir Melnik/Dollar Photo Club, 氷の大地：©Gentoo Multimedia/Dollar Photo Club, ホッキョクキツネ：©Tony Campbell/Dollar Photo Club, ホッキョクグマ：©Vladimir Melnik/Dollar Photo Club, 流氷：©CHPictures/Dollar Photo Club

以下順不同　Only One Travel，伊藤ゆきの，西尾涼子，杉本智樹，阿部裕磨，宇都宮沙織，金聖恵，Christian Frausto Bernal /Flicker，玉井優子，田畑智英，藤本遼，江坂由貴，有村遊馬，長尾香奈，門田真美，岩間真奈美，笠井啓史，Patrícia Cunha，藤井晴輝，谷古宇幹也，伊藤聡実，MASA，香島絵里奈，赤羽はるの，小泉翔，刀禰由紀乃，nana(Sevencolors)，求嗣斎と，羅Ш書，福島真理子，大高誠也，山田健太郎，牧麻衣，いいかも！！弘前～弘前プロモーションサイト～，西村仁志，世界一周 .com（http://sekai-issu.com/）

4travel.jp，shinchanmama93，ちゃみお，Tatsuo，yukino1，歩いて見～つけた！，クサポン ,bluebonnet，hiro，hirootari，Huuma，hisa魚，JAS，kodebu，ぴん太，piachan，ARIC，あこ，okapy，marimo，にゃんこ，あっちゃん，バートン，銀の匙，SUOMITA，kaji16，ken-ken，風伯，Alice，isana，hiro ☆

この本に掲載させていただいた情報は、2014年7月現在のものです。今後変更されることもあるので、ご旅行前には最新の情報をご確認ください。情報掲載による損失などの責任は負いかねますので、あらかじめご了承ください。

Editorial Note

きれいな景色が好き！
かわいい街が見たい！
圧倒されるような大自然を見たい！

誰しもが憧れる絶景の旅。

でも。それが大切な人と一緒だったら、
旅はもっと、きっと、絶対、楽しい！

そんなすべての女子の夢を叶えるために、
この本はできました。

おうちでゴロゴロしながら
気分だけでも、あの人と世界一周。

友だちと妄想をふくらませながら
わいわい旅行気分。

大切な人と、次の旅行プランを練りながら
ロマンチックなムード。

使い方はあなた次第です。

大切な人と行く絶景旅行を思い浮かべながら
ちょっぴり幸せな気分になってもらえたらいいな。

でも本当は・・・妄想だけじゃ物足りない！

同じ景色をふたりで見て
同じ空気をふたりで吸って
同じ感動にふたりで出逢う。

そんな素敵な旅に、
いつか本当に行けたらいいな。
いや、行けますように！

あなたは大切な人と、どこへ行きますか？

編集担当　奥村紫芳

大切な人と行きたい
妄想絶景

2014 年 9 月 1 日　第 1 刷発行
2014 年 9 月 25日　第 2 刷発行

編集	いろは出版
発行者	木村行伸
発行所	いろは出版

　　　〒 606-0032
　　　京都市左京区岩倉南平岡町74番地
　　　電話 075-712-1680
　　　FAX 075-712-1681

印刷・製本	サンエムカラー
制作	奥村紫芳,河北亜紀,末永光（いろは出版）
挿絵	goo
装丁・デザイン	宗幸（UMMM）

© 2014 IROHA PUBLISHING, Printed in Japan
ISBN978-4-902097-70-2
乱丁・落丁本はお取替えします
URL　http://hello-iroha.com
MAIL　letters@hello-iroha.com